Inhalt

Geleitworte der Herausgeber

Zehn Jahre UNESCO-Welterbe Quedlinburg

Als »Metropole« wird Quedlinburg in der Kaiserurkunde Ottos III. im Jahr 994 bezeichnet. Ich gebe es freimütig zu: Bei Quedlinburg gerate ich unversehens ins Schwärmen! Diese Stadt am Nordrand des Harzes ist eine einzigartige Perle der Baugeschichte, in der man nachvollziehen kann, wie sich vor über tausend Jahren eine Handelsmetropole entwickelte. Wo sonst kann man durch einen Stadtkern mit mehr als 1300 Fachwerkhäusern spazieren? In Quedlinburg lässt sich auf 93 Hektar die Entwicklung des Fachwerks aus sechs Jahrhunderten ablesen.

Als reiche dieser Schatz von original erhaltenen Straßenzügen und Plätzen noch nicht aus, wird die gewachsene Ordnung der Gassen und Häuser von einem Blickfang bekrönt, der vor mehr als tausend Jahren ein europäisches Zentrum der Politik, Wirtschaft und Kultur bildete: Der Schlossberg mit der romanischen Stiftskirche. Als Ehrenbürger dieser UNESCO-Welterbe-Stadt wünsche ich den vielen engagierten Bürgerinnen und Bürgern, dass sie auf ihrem Weg des sanften Tourismus weiterhin viele Helfer finden und es ihnen gelingt, auch die jungen Menschen, die nächste Generation, in der Stadt zu halten.

Denn es sind die Menschen, die eine Stadt am Leben halten. Steht ein Haus einmal leer, wird es nicht mehr gepflegt; unter einer bröckelnden Fassade will kein Laden oder Café eröffnen; und wo keine Geschäfte locken, bleiben die Menschen aus und die Stadt stirbt. Vor diesen großen Problemen haben die Quedlinburger nicht die Augen verschlossen. Dieses Magazin möge dazu beitragen, den Wert dieses Weltkulturerbes zu vermitteln und dazu anregen, die Stadt selbst kennenzulernen.

Gottfried Kiesow

Professor Dr. Gottfried Kiesow
Vorstandsvorsitzender der Deutschen Stiftung Denkmalschutz und Ehrenbürger der Stadt Quedlinburg

Oben: Das Fachwerkhaus im Word 3 ist eines von vielen hundert Fachwerkhäusern, das in den letzten Jahren unter anderem mit Hilfe der Deutschen Stiftung Denkmalschutz saniert wurde.

Links: Blick vom Kirchturm der Marktkirche St. Benedikti auf die Altstadt mit St. Blasii und dem Schlossberg im Hintergrund. Am Horizont ist der Harz zu sehen.

Seite 6: Blick auf die Altstadt mit den Stadtpfarrkirchen.

Quedlinburg war vor tausend Jahren ein Ort, an dem das Kaiserhaus politische Entscheidungen fällte, die ganz Europa betrafen. Wer glaubt, heutzutage sei diese Stadt lediglich ein verträumtes Fachwerkidyll in herrlicher Landschaft, der irrt gewaltig. Denn jeder, der Quedlinburg vor etwa 15 Jahren und heute erlebt, reibt sich staunend die Augen: Seit Anfang der 1990er Jahre wurden nicht nur hunderte Gebäude denkmalgerecht saniert und restauriert, sondern auch mit Nutzungen, mit Leben gefüllt. Hinter der altehrwürdigen Renaissancefassade des Rathauses werden politische Entscheidungen für die Zukunft getroffen, die Arbeitsplätze schaffen, kulturelles Leben in die historische Altstadt hinein holen und soziale Projekte ermöglichen.

Um nur einige Beispiele zu nennen: Das Erfolgsprojekt der Jugendbauhütten begann 1999 in Quedlinburg und bezog Dank großzügiger Stifter 2003 ein eigenes Domizil im Haus Pölle 5. Auch das Salfeldtsche Palais, Kornmarkt 5, ist aus Quedlinburgs Kulturleben nicht mehr wegzudenken. Private Spender und Stifter entdeckten ihr Herz für die Stadt und ermöglichten so manche Restaurierung und im Anschluss daran eine denkmalgerechte Nutzung, indem sie eine Art Pflegeversicherung für ein Gebäude übernahmen. Auf diese Weise wurde auch für die langfristige Bauunterhaltung der Kirchen St. Blasii und St. Nikolai gesorgt. Auch das Deutsche Fachwerkzentrum ist in Quedlinburg, in der Blasiistraße beheimatet. Und im Kaufmannshof im Weingarten 22 wurde gezeigt, dass behindertengerechtes Wohnen in historischem Ambiente nicht nur möglich ist, sondern den Menschen viel Lebensqualität schenkt. Die Beispiele würden hier den Rahmen sprengen, finden sich aber in den Reportagen dieses Magazins fortgesetzt.

Jede Begegnung zwischen Jung und Alt bewegt etwas Neues und ermöglicht einen Dialog, den wir heute so dringend brauchen. In Quedlinburg haben Bürger und Politiker längst verstanden, dass ihr baulicher Schatz keineswegs nur Last bedeutet, sondern ihre Zukunft begründen kann. Die Betreiber der stilvollen Hotels, Pensionen und Restaurants nutzen diesen Standortvorteil längst und ordnen sich gerne dem historisch Gewachsenen unter, profitieren sie und ihre Gäste doch von dem unverwechselbaren Charme der Gesamtheit.

Ohne Hilfe von außen ist aber eine Kleinstadt wie Quedlinburg mit der Rettung von 1300 Häusern und mehreren großen Stadtkirchen, der Stadtbefestigung und dem Schlossberg überfordert. Die aus dem Dornröschenschlaf erwachte Schönheit braucht mehr denn je europaweite Solidarität und ganz konkrete Hilfe – denn die Menschen, die hier leben und die Gebäude denkmalgerecht bewirtschaften, tun dies nicht nur für sich, sondern für uns alle, die wir von der Vielfalt in Europa profitieren.

Dr. Robert Knüppel
Generalsekretär der Deutschen Stiftung Denkmalschutz

Vergangenheit als Zunkunftsperspektive

600 Jahre gute Handwerkstradition

Quedlinburgs alte Häuser und ihre großen Innenhöfe wurden einst von geschickten Handwerkern gebaut. Damals wie heute bieten sie ideale Räumlichkeiten für anspruchsvolles Handwerk, für Kunsttöpfereien, Glasereien und Restaurierungswerkstätten.

Eine kleine Polemik sei zu Beginn erlaubt, illustriert sie doch »das Problem« – auch wenn wir inzwischen gelernt haben, dass man keine Probleme haben soll, sondern allenfalls Lösungen. Aber halten wir uns Folgendes – karikiert – vor Augen: Münchnern gilt alles »oberhalb« Bayerns als Norden und von daher außerhalb dessen, was man sich unter Zivilisation vorstellen kann, als Hamburger weiß man nicht, was man »da unten« südlich der Küste soll, außer Ski fahren, als Rheinländer staunt man, wie »breit« Deutschland seit 1990 geworden ist und dass man bis Görlitz sogar »einen ganzen Tag auf der Autobahn verbringen« muss. Und als Sachse freut man sich, dass all jene keine Ahnung haben, was es für herrliche Ausflugsziele gleich vor der Haustür gibt. Kurz: Es ist alles eine Frage der Perspektive. Und als Quedlinburger? Als Quedlinburger erfährt man jenseits des Harzes sowieso immer, dass niemand weiter oben oder weiter unten oder ganz links weiß, wo diese »Stadt mit Q« liegen soll. Allenfalls die Sachsen, denn die wissen schon immer, wo es schön ist im Herzen Europas.

Worin also besteht Quedlinburgs Problem? Das Problem liegt dort, wo seine Lösung wartet. Also langsam: Quedlinburg ist eine kleine alte Stadt am Nordrand des Harzes, der Harz liegt in Sachsen-Anhalt, und dieses Bundesland, durch das die mittelalterlichen »Autobahnen«, die Flüsse Elbe, Saale und Unstrut fließen, ist an Kulturdenkmalen und Natur reich, an Industrie aber inzwischen arm. Denn hier verschärft sich, was in vielen ländlichen Regionen traurige Wirklichkeit ist, dass nämlich viele gut ausgebildete Menschen

Fachwerkhäuser bieten mehr als »nur« romantische Übernachtungsmöglichkeiten für Erholungsbedürftige und den idealen Ausgangspunkt für Wanderungen in die Natur. Damals wie heute wird in Quedlinburg geplant und gebaut, denn der denkmalpflegerische Nachholbedarf wird noch mehrere Generationen lang bestehen.

mit Berufserfahrung keine Arbeit finden. Die sozialen Folgen erlebt man jeden Tag – und viele wollen sie am Liebsten nicht sehen. Doch die Arbeitsmarktlage und die dauerhafte Pflege wertvoller alter Städte bedingen sich. Denn junge Menschen verlassen seit Jahren die ländlichen Regionen, weil sie dort keine Zukunft für sich sehen.

Wer nun meint, diese handfesten Alltagsprobleme trügen wenig zur Werbung für diese einzigartige Fachwerkstadt bei, der sollte das Flächendenkmal Quedlinburg unbedingt einmal besuchen! Denn für die Zukunft Quedlinburgs wird derzeit viel getan, und zwar in der Stadt selber.

Quedlinburg beschert Großstädtern aus anderen Ländern eine wundersame Zeitreise in die Vergangenheit. Das Besondere besteht darin, dass die Fachwerkstadt mit dem unversehrt erhaltenen alten Stadtgrundriss kein Freilichtmuseum ist, sondern eine faszinierend lebendige Stadt, deren Bewohner sich jene wohltuende, in kleineren Städten anzutreffende Freundlichkeit und Verbindlichkeit gegenüber Besuchern bewahrt haben.

Quedlinburgs Häuser sind alt, aber in ihnen pulsiert eine Weltoffenheit mit einer Neugier gegenüber dem Neuen, die man hinter Lehmwänden und Sprossenfenstern nicht unbedingt vermutet. Zugleich werden in dieser Stadt, in der seit Jahren viel (um-)gebaut wird, alte Handwerkstechniken mit Erfolg wieder belebt und gepflegt. Nein, Dünnbrettbohrer waren Quedlinburgs Zimmermänner noch nie. 600 Jahre Handwerkstradition sind Ehrensache und Verpflichtung. Handwerkliche Qualitätsarbeit wiederum zieht Künstler und solche Menschen an, die in der Liebe zum Detail ihre Anregungen finden, weil sie sich dort auf das Wesentliche konzentrieren und in eine Tradition stellen können, die Raum gibt, Neues zu wagen.

In Quedlinburg wurde in den letzten Jahrzehnten Vieles gerettet, was in westdeutschen Städten den Verkehrsplanungen der Nachkriegszeit geopfert oder durch private Modernisierungen zerstört wurde. Auf 93 Hektar Stadt spaziert man stundenlang durch geschlossen erhaltene Straßenzüge mit mehr als 1300 Fachwerkhäusern.

Die älteste Stadtansicht Quedlinburgs. Gesehen von Südosten (aus Braun-Hogenberg: Civitatis orbis terrarum 1581). Ganz links der Schlossberg mit der Stiftskirche St. Servatii (mit nur einem Turm), rechts daneben kleiner der Münzenberg mit den damals noch bestehenden Klostergebäuden. Weiter rechts die markante Doppelturmfassade der Marktkirche St. Benedikti mit einem spitzen Helm und einem kleineren Dachreiter. So stellte sich die Stadt dem Reisenden jahrhundertelang dar. Erst im 19. Jahrhundert dehnte sie sich über ihren mittelalterlichen Mauerring hinaus aus.

Warum sie überhaupt erhalten sind? Weil »über diese Stadt kein Krieg ging«, sagen die Quedlinburger. Welch glückliche Stadt, die weder im Dreißigjährigen Krieg völlig niedergebrannt, noch in den furchtbaren Weltkriegen des 20. Jahrhunderts zerstört wurde! Und die nach 1945 so abseits lag, dass man sie nicht großflächig modernisieren konnte. »Armut ist die beste Denkmalpflege«, heißt es. Aber nur dann, wenn die Menschen in der Stadt bleiben, das Alte als Wert erkennen, beleben und pflegen, und wenn Bürger sowie Politiker um die überregionale Bedeutung wissen. Das ist in Quedlinburg keine Frage.

Keine Kopie kann ein Original ersetzen

Das Großartige und Aufregende an Quedlinburgs Straßenzügen besteht darin, dass die Denkmalpfleger und Restauratoren bei den meisten Fachwerkhäusern die originale Konstruktion erhalten, untersuchen und auswerten können. Denn jede noch so wohlmeinende Kopie bleibt immer ein kosmetischer Ersatz für das Original, das als bauliche Urkunde vielfältige Informationen birgt. In der Praxis werden die Maßstäbe der Denkmalpflege oft eingehalten, weil die Bürger hier nachvollziehen können, warum es die Vorschriften gibt. Denn sie sehen die Sanierungsbeispiele in der Nachbarschaft und haben den Vergleich vor Augen zwischen guter und schlechter Sanierung, zwischen natürlichen Baumaterialien und Kunststoffen, zwischen Lehm und Holz, im Unterschied zu industriell gefertigten Massenbauteilen.

Die Menschen Quedlinburgs sind diejenigen, denen wir bis heute dieses Gesamtkunstwerk aus altem Stadtgrundriss, Häusern, Plätzen, Grünflächen, Kirchen, Stadtmauern und Schlossberg verdanken. Dazu zählen insbesondere die zähen und langjährigen Maßnahmen der Denkmalpfleger in der DDR, denen damals nicht nur der politische Wind ins Gesicht blies, sondern die sich auch mit ständigem Geld- und Materialmangel zu arrangieren hatten und bei jeder Haussanierung mit Baumaterialien und Farben improvisieren mussten. Ohne die Fachleute aus dem damaligen IfD, dem Institut für Denkmalpflege der Arbeitsstelle Halle (dem heutigen Landesdenkmalamt Sachsen-Anhalt) gäbe es für uns Heutige dort nichts mehr zu besichtigen!

Die Kette der Generationen legte die Grundlagen für das, was wir heute wissen. Die langfristigen Baudokumentationen bei Restaurierungen und die daraus hervorgehenden Publikationen liefern das Basiswissen für ein Magazin wie dieses.

Quedlinburgs Problem: Es sind einfach sehr viele Baudenkmale für eine Stadt mit kaum 24.000 Einwohnern und sinkenden Einwohnerzahlen! Die Stadt liegt so gar nicht an einem Verkehrsknotenpunkt europäischer Autobahnen, und sie kann weder eine Sonnengarantie für die Dauer des Urlaubs, noch Strände, Hochgebirge oder »Spaß bis zum Umfallen« bieten. Stattdessen gibt es Kultur, Kunst, Landschaft und lebendige Geschichte – pur und original. Quedlinburg ist eine Kostbarkeit für Besucher, die selbst auf Entdeckungsreise gehen und die Begegnung mit Menschen und Natur suchen.

Die Erhaltung und Bewirtschaftung dieses unschätzbaren Wertes ist von den wenigen Menschen, die in Quedlinburg le-

ben, nicht allein zu schaffen. Ohne die Förderprogramme von Bund und Land wären die Originale verloren. Dieses Magazin will daher nicht nur von der »großen« Vergangenheit dieses UNESCO-Welterbes erzählen, sondern will daneben von der bewegten Gegenwart berichten. Vom damaligen Burgberg aus haben vor tausend Jahren die Kaiserfamilie und ihre mächtigen Äbtissinnen europaweit Politik betrieben; zu Füßen des Berges blühen nun viele »kleine« Initiativen und leisten gewaltige Kraftanstrengungen, um neues Leben in die Altstadt zu ziehen.

Vielleicht stehen sie in Quedlinburg unter einem guten Stern, zumindest aber fügen sie sich in eine lange bürgerliche und humanistische Tradition ein. Immerhin lebten in der Stadt Frauen wie Dr. Dorothea Christiana Erxleben, die als erste promovierte Ärztin Deutschlands bekannt wurde. Auch der Geist richtungsweisender Reformpädagogen wie GutsMuths wirkt hier bis heute fort. Sie führten die Schüler aus der Strenge und Autorität der engen Klassenräume an die frische Luft. Und Literaten wie Friedrich Gottlieb Klopstock und Künstler wie Lyonel Feininger waren von dieser speziellen Atmosphäre angezogen, die sie frei atmen und leben ließ.

In einer seelenlosen Monotonie hätte es niemanden gehalten. Quedlinburgs gegenwärtig erdrückend scheinende Probleme mit mehr als 1300 Fachwerkhäusern, mit mehreren großen Kirchen und der Stiftskirche auf dem Schlossberg, der überdies seit kurzem nicht mehr stabil scheint, diese Probleme bedeuten längerfristig gesehen die einzige Chance für die Stadt. Denn diese Stadt gibt es kein zweites Mal.

Quedlinburg liegt im nördlichen, fruchtbaren Harzvorland. Bis heute überragt der Schlossberg mit der Stiftskirche St. Servatii die Stadt mit ihren mehr als 1300 Fachwerkhäusern aus dem 13. bis 20. Jahrhundert. Für die mittelalterliche Turmfront von St. Servatii waren zwar immer zwei Türme geplant, aber gebaut wurde im Mittelalter nur der Nordturm. Den Südturm gibt es erst seit der Bausicherung und Restaurierung der Jahre 1863 bis 1882 unter Ferdinand von Quast.

Wassertorstraße

Von der Altstadt zum Schlossberg

Dieses Magazin über die UNESCO-Welterbestadt Quedlinburg besteht aus drei großen Themenbereichen. An dieser Stelle beginnt das erste der drei Themen »Von der Altstadt zum Schlossberg«, das auf Seite 63 mit der Geschichte des Wipertiklosters schließt. Denn auf dem Gelände, auf dem sich heute der alte Wiperti-Friedhof und die ehemalige Klosterkirche befinden, dehnte sich im frühen Mittelalter ein Königshof der Ottonen aus, der durch die Königserhebung Heinrichs I. zum Schauplatz europäischer Geschichte wurde und entscheidend mit dem Werden Quedlinburgs verbunden ist. Deshalb vermittelt dieser erste Teil des Magazins Grundsätzliches über die Stadt Quedlinburg, ihre Geschichte und ihre Struktur.

Sie erfahren auf den folgenden Seiten, wann, von wem und warum Quedlinburg am Nordrand des Harzes gegründet wurde. Damit hängt unmittelbar zusammen, wie die mittelalterliche Stadt aufgebaut ist. Die Seiten 32–33 zeigen den Grundriss der Stadt, die aus vier deutlich voneinander unterscheidbaren Teilen besteht. Das wirtschaftliche und soziale Zentrum bildete jahrhundertelang der Marktplatz in der Altstadt. Dies wiederum hatte Folgen für die Besiedlung. Innerhalb weniger Generationen platzte die Altstadt gleichsam aus allen Nähten und wurde im 13. Jahrhundert durch eine planmäßig angelegte Neustadt erweitert.

Außerdem berichtet dieses erste Kapitel darüber, warum die Bürger und die Stiftsdamen jahrhundertelang wirtschaftlich voneinander abhängig waren und warum das Stift und zugleich die Stadt im Mittelalter wohlhabend wurden.

An diesen Überblick schließt ab Seite 64 das zweite Kapitel über »Fachwerk aus sechs Jahrhunderten« an, das jene Besonderheit, für die Quedlinburg berühmt ist, im Detail näher beschreibt.

Die Altstadt rund um den Marktplatz

Folgen Sie dem Nachtwächter!

Alte Städte erschließen sich nur bedingt aus Büchern und Fotos. Vollständig kann man sie nur verstehen, wenn man zu Fuß durch die Straßen spaziert. Abends entwickelt Quedlinburg einen ganz eigenen Charme. Man kann sich dann des Eindrucks nicht erwehren, ins Mittelalter zurückversetzt worden zu sein. Wer bei Dunkelheit nicht gern allein geht, kann sich dem Nachtwächter anschließen, der eine Menge über die Häuser und ihre früheren Bewohner zu erzählen weiß.

Wo soll man als Besucher anfangen in dieser Stadt, die ein einziges großes Kunstwerk ist? Auf einem der Berge – dem Schlossberg oder dem Münzenberg – oder unten in der Stadt?

Die Reihenfolge ist tatsächlich egal, denn auf beiden Wegen versteht man die Stadtstruktur, ohne das andere zuvor gesehen haben zu müssen. Auf den Schlossberg muss man sich etwas bergauf bemühen, dafür bietet aber die Schlossterrasse von oben einen herrlichen Überblick auf das gewachsene Gewebe der alten Straßen und ihre Einbettung in die bewaldete, fruchtbare Landschaft. Etwas mühsamer wird es schon, die Stufen zum Münzenberg hinauf zu klettern, aber auch hier belohnt ein faszinierender Panoramablick für die Mühen: Vom Münzenberg schaut man auf den Schlossberg, der die Altstadt beherrscht – dort entstand auch das Titelmotiv für dieses Magazin.

Will man als Besucher ein erstes Gespür für die Altstadt selber bekommen, dafür, wie sie aufgebaut und wie groß ihre Ausdehnung ist, so sollte man unten beginnen, am Marktplatz. Da die Straßen und Proportionen einst auf Menschen ausgerichtet waren, die den Großteil ihrer täglichen Wege zu Fuß gingen, empfiehlt es sich, möglichst Vieles zu Fuß zu erleben. Unser Tipp: Lassen Sie das Auto stehen, es ist ohnehin zu groß für die meisten Altstadtgassen. Lassen Sie sich vom historischen Zentrum ausgehend ein bisschen treiben, spazieren Sie in die Gassen, in die

Der Nachtwächter lässt Stadtgeschichte lebendig werden: Wenn Sachkenntnis mit einer fröhlichen Leichtigkeit einhergeht, können Jung und Alt die Besonderheiten der alten Stadt verstehen.

es Sie hinein zieht, denn auch ohne konkretes Ziel wird jede Straße mit etwas Neuem, Unerwartetem aufwarten.

Das Herz der Stadt: Der Markt

Der Marktplatz kennzeichnet seit mindestens sieben Jahrhunderten das politische und wirtschaftliche Zentrum von Quedlinburg, auf das bis heute die mittelalterlichen Fernhandelsstraßen, die Breite Straße und die Schmale Straße, zuführen. Der Markt war der Verkehrsknotenpunkt. Dort erfährt man noch heute viel Wissenswertes über die Stadt: Schräg gegenüber vom Rathaus befindet sich die Touristen-Information. Dort weiß man, wann der Nachtwächter wieder zu romantischen Rundgängen durch Quedlinburg bei Nacht einlädt und wann Frau Dr. Erxleben aus ihrem Praxisalltag in der Neustadt erzählt.

Alte Städte haben Eines gemeinsam: Die Bürgerhäuser werden zum Marktplatz hin aufwändiger, kostspieliger und gehörten einflussreichen Familien, denn die Grundstücke im Stadtzentrum zählten damals wie heute zu den begehrtesten und teuersten. Diamanten sind in Quedlinburg allerdings aus Holz, wie wir noch sehen werden. Das Schmuckstück und im wörtlichen Sinne auch die Schatztruhe eines jeden Marktes bildet das Rathaus, in dem die Stadtkasse gehütet wurde. Befinden wir uns wie hier in einer christlich geprägten Stadt, ist die Marktkirche nicht weit. Insbesondere in den Hansestädten bilden Rathaus und Marktkirche eine bauliche Einheit. So auch in Quedlinburg, wie der Stadtgrundriss zeigt: Wie eine Insel stehen Rathaus und Marktkirche auf dem sich nach Nordosten zu einem Dreieck erweiternden Marktplatz, der von der Breiten Straße und der Schmalen Straße gleichsam umklammert wird.

Das Altstädter Rathaus

Das Rathaus verkörpert die bauliche Visitenkarte der Stadt, dient es doch als repräsentatives Versammlungs- und Lagerhaus des Stadtrates als der gewählten Vertretung der Bürger. Gelagert wurden dort alle Qualitätsgüter, während rund um das Rathaus verkauft wurde: Gehandelt wurde mit Holz, Rindern, Heringen, Trödel, Kleidern

– auf dem Benediktikirchhof –, mit Getreide (Korn) auf dem Kornmarkt und allem, was man sich an Waren für den täglichen Gebrauch vorstellen kann.

Wo man verhandelt, verbreiten sich Geschichten: Auf dem Markt erfuhr man die neuesten Nachrichten, denn die Kaufleute brachten nicht nur Waren, sondern auch Neuigkeiten mit. Auf dem Marktplatz wurden Vorschriften verlesen und Veranstaltungen angekündigt. Bei Empfängen wurde er mit Fahnen, Blumen und anderen Dekorationen geschmückt.

Ohne Städte keine Rathäuser! Banal, aber grundlegend: Dörfer brauchen keine Rathäuser, dort herrschen die regionalen Landesherren, die die Erzeugnisse in den Scheunen ihrer repräsentativen Anwesen lagern. Der Adel schuf sich Burgen, und die Bürger, deren Name sich von den Burgen des Adels ableitet und deren Siedlungen auch in Quedlinburg im Schutze der Burg und in wirtschaftlicher Wechselwirkung mit ihr entstanden, schufen sich Rathäuser. Insofern werden sie auch als »die Burgen der Bürger« bezeichnet. Rathäuser sind eine durch und durch bürgerliche, städtische Bauaufgabe, und die ersten Rathäuser wurden dort gebaut, wo durch überregionalen Handel die ersten mittelalterlichen Städte aufstiegen, in Oberitalien.

Das Quedlinburger Rathaus zählt zu den frühen Rathäusern in Deutschland. Es wird schon 1310 als »domus consulum«, als Haus der Ratsherren, erwähnt. Woran orientierte sich ein gotischer Rathausbau wie dieser? Einfach an dem, was es zu dieser Zeit an Vorbildern gab: Das waren die Burgen und Pfalzen des Adels mit ihrem Zinnenkranz und ihrem Palas, dessen erstes Geschoss nur durch eine schmale Treppe von außen zugänglich war. Repräsentative Treppenhäuser gab es damals nicht, denn eine Außentreppe bedeutete immer einen strategischen Schwachpunkt bei der Verteidigung eines Gebäudes. Beim Bau von Rathäusern übernahm man die Form des Saalbaus als einem Gebäudetyp, dessen Inneres von einem großen Versammlungssaal geprägt wird, und der wegen seiner Breite von einer Stützenreihe in zwei Längsschiffe gegliedert wird.

Hinter dem Rathaus ragen die Türme der Marktkirche St. Benedikti hervor. Die Mittelachsigkeit der Rathausfassade wird durch ein prachtvolles Renaissance-Portal von 1616 betont, ein so genanntes Sitznischenportal. An der Ecke steht die Rolandfigur aus dem frühen 15. Jahrhundert.

An den ursprünglichen Saal erinnert der kleinere Rathaussaal im ersten Obergeschoss. Im Mittelalter waren Säle wie dieser stets mit einer flachen Holzbalkendecke gedeckt. Eine Stützenreihe teilte große Säle in der Mitte in zwei Schiffe, weil man nicht mit einer einzigen Baumlänge den ganzen Raum überspannen konnte.

Der Ratssaal liegt im Quedlinburger Rathaus im ersten Obergeschoss, während das Erdgeschoss als Warenlager diente. Den alten Saalbau kann man sich noch heute im Inneren vorstellen. Es ist der kleine Saal mit der hölzernen Säulenreihe. In der Erdgeschosshalle ist außerdem noch eine gotische Holzsäule erhalten.

Das Rathaus erlebte eine ähnliche Entwicklung wie andere gotische Rathäuser: Mit zunehmendem Reichtum wuchs der Wunsch der Bürger, ihr »altes« Rathaus mit dem kleinen Zugang an der westlichen Schmalseite in der Mode der Zeit zu erweitern und zu schmücken, und so baute man 1616 eine breite Renaissancefassade davor. Ein aufwändiges Prunkportal betont die Mittelachse. Doch auch diese Modernisierung des 17. Jahrhunderts erschien den Bürgern im späten 19. Jahrhundert zu klein und altmodisch, denn die Bedürfnisse der städtischen Gesellschaft hatten sich in Bezug auf Veranstaltungen und Empfänge im Zuge der Industrialisierung geändert. Auch beklagte die durch die Saatgutzüchtung reich gewordene Stadt das Fehlen eines repräsentativen Treppenhauses, denn seit dem Barock übernahmen großartige, theatralische Treppen die Funktion einer gesellschaftlichen Bühne. Wenn größere Menschenmengen zu Empfängen und Konzerten zum Festsaal hinauf schreiten, kann man sich schon auf der Treppe begegnen. So erweiterten die Quedlinburger bis Anfang des 20. Jahrhunderts ihr Rathaus hofseitig durch ein historisierendes Treppenhaus mit einer farbigen Fensterfront und fügten zwei Gebäudeflügel an, die den Bau eines größeren Festsaales ermöglichten. Dieser bildet bis heute bei feierlichen Ereignissen einen würdevollen Rahmen. Sechs großformatige Wandgemälde von Otto Marcus und farbige Glasfenster von Ferdinand Müller lassen eine feierliche Atmosphäre aufkommen. Selbstredend beziehen sich die Motive auf die Stadtgeschichte. Das Ensemble zählt zu den bedeutenden erhaltenen Ausstattungen in der Sprache des späten 19. Jahrhunderts.

Der Roland

Zum Rathaus gehört auch ein Roland, der für personifizierten Bürgerstolz und Wehrhaftigkeit steht. Die Geschichte dieses Roland symbolisiert die wechselhafte Beziehung und das Machtgezerre zwischen den Bürgern der Handelsstadt und ihrer Äbtissin. Der steinerne, 2,75 Meter hohe Roland wurde in einer wirtschaftlichen Blütezeit der Stadt 1426 geschaffen und stand frei vor dem Haus Markt 4 – bis er 1477 als Zeichen der Unterwerfung und Rechtlosigkeit

Im ausgehenden 19. Jahrhundert wurde das Rathaus umfassend restauriert und im Geschmack und der Formensprache des Historismus baulich erweitert. Mit einem nordöstlich angrenzenden Flügel schuf man zusätzlichen Raum für einen großen Festsaal. Dieser ist ringsum mit Wandgemälden und farbigen Fenstern geschmückt, die Szenen aus der Stadtgeschichte erzählen. Auch die Fenster des Treppenhauses wurden kunstvoll mit farbigem Glas gestaltet.

der Bürger in einem verlorenen Kampf gegen die Truppen der Äbtissin Hedwig aus dem Hause Wettin zertrümmert wurde.

Das Jahr 1477 markiert einen Einschnitt in einer bis dahin scheinbar unaufhaltsamen Erfolgsgeschichte Quedlinburgs, das 1426 dem Hansebund beigetreten war. Mit diesem verlorenen Streit wurde Quedlinburg schlagartig politisch bedeutungslos und von der Äbtissin abhängig – wenn es sich auch wirtschaftlich wieder fangen konnte. Die Steinfragmente des Roland lagen fast vier Jahrhunderte auf dem Grundstück des Ratskellers Markt 16. Erst als die Figur längst schon keine politische Brisanz mehr hatte, wurden ihre Reste auf Betrei-

Die folgende Doppelseite zeigt den Marktplatz und Impressionen in einer der Seitengassen. Das Haus Grünhagen (S. 21 oben), Markt 2, ist ein spätbarockes Patrizierhaus aus dem Jahre 1701. Der Marktbrunnen thematisiert die Leute auf dem Münzenberg.

HOTEL ZUM BÄR

HOTEL

Kreismusikschule "Johann Heinrich Rolle"
1. Juni - Lehrerkonzert um 15.00 Uhr

ben des Oberbürgermeisters Brecht im Jahr 1869 restauriert, wieder zusammengesetzt und anschließend vor der Rathausfassade aufgestellt.

Prachtvolle Bürgerhäuser säumen den Markt – aber woher hatten die Bürger das Geld dafür? Wieso stieg gerade Quedlinburg auf, und nicht ein Nachbarort? Die Antwort scheint einfach: Das hat Quedlinburg dem Stift und dessen kluger Politik zu verdanken. Anders formuliert, der Quedlinburger Markt, aus dem später die Stadt hervorgehen sollte, wurde zunächst zur Versorgung des königlichen Besitzes auf dem Schlossberg geschaffen. Die Kaiserinnen Adelheid und Theophanu hielten sich im 10. Jahrhundert monate- und jahrelang im Quedlinburger Stift auf, und zwischen dem Jahr 922 und 1207 sind 69 Aufenthalte von Königen und Kaisern belegt.

Ein Wirtschaftsprogramm des Jahres 994

Und warum gerade hier? Weil das sächsische Königshaus im nördlichen Harz bereits im 10. Jahrhundert große Ländereien besaß und Otto I. dem Wunsch seines Vaters Heinrich I. gemäß auf dem Berg ein Damenstift zur Erziehung und Versorgung der adeligen Töchter und Witwen einrichtete. Ottos Enkel, der junge König Otto III., versprach im Jahr 994 seiner Tante, der einflussreichen Äbtissin Mathilde oben auf dem damaligen Stiftsberg, dass er den Ort Quedlinburg wirtschaftlich fördern werde. Als Otto III. drei Jahre später nach Italien zog, ließ er sein Reich von seiner Tante vom Quedlinburger Stiftsberg aus regieren.

994 ist ein entscheidendes Datum für das Werden der Stadt. Mathilde hatte ihren Neffen offenbar um diese urkundliche Bestätigung gebeten, weil sie die finanzielle Schaukelwirkung erkannte, von der alle profitieren, wenn sie die Kaufleute unterstützt. Wie sieht ein Wirtschaftsprogramm im Mittelalter aus? Der König gibt dem Markt besondere Privilegien wie das Münz- und Zollrecht und verfügt, dass die Äbtissin als örtliche Regentin mit diesen Einkünften wirtschaften kann. Wirtschaften heißt, die Einnahmen wieder in Umlauf bringen, Bauleute dafür bezahlen, die Straßen sichern und Kirchen ausstatten. Dem Aufstieg des Quedlinburger Marktes stand nun, nach der offiziellen Gründung 994 durch die Äbtissin und unter ihrem besonderen Schutze, nichts mehr im Wege.

Übrigens wird in der Urkunde Ottos III. vom 23. November 994 Quedlinburg neben Köln, Mainz und Magdeburg als ›Metropolis‹ bezeichnet, was oft zitiert wird, da in dieser Formulierung, die man mit Hauptstadt übersetzen kann, die politische Bedeutung und Gleichrangigkeit Quedlin-

Die Bode verläuft heute meist unterirdisch. Aber an Stellen wie dieser am Mühlengraben, südöstlich vom Marktplatz, ist die Bode von der Steinbrücke aus sichtbar. Das Sonnenlicht reflektiert im Wasser und bewirkt reizvolle Lichtspiele auf den alten Mauern.

Typische Straßenansichten rund um das Rathaus. Die Grundstücke in Marktplatznähe waren damals sehr begehrt und den wohlhabenderen Bürgern vorbehalten.

burgs neben den anderen drei großen Städten zum Ausdruck kommt. Hauptstadt ist nicht im Sinne moderner Nationalstaaten gemeint, die pro Staat eine Hauptstadt als Regierungssitz haben, sondern im 10. Jahrhundert gab es davon mehrere, weil der König ständig unterwegs war.

Handelsfreiheit – von oben privilegiert

Zwei Generationen später nahm Kaiser Konrad II. 1038 die Kaufleute von Quedlinburg in seinen Schutz und erlaubte ihnen freien Handel im ganzen Reich. Unter Konrads Nachfolgern wurde der kaiserliche Schutz abermals bestätigt, so dass die Quedlinburger bis 1134 schließlich von der Nordsee bis zu den Alpen ungehindert und zollfrei Handel treiben konnten und nur ihren eigenen Gerichten unterstellt waren (Schauer 1990, 14).

In diesen rund 140 Jahren wirtschaftlichen Aufschwungs muss es eine enorme Bautätigkeit um den heutigen Marktplatz der Altstadt herum gegeben haben – dies gilt alles nach damaligen Maßstäben, denn die Einwohnerzahl lag mit Sicherheit weit unter 5000 Menschen. Das ganze Mittelalter hindurch lebten in der Stadt zwischen 5000 und etwa 8000 Bürger – nicht mitgezählt die vielen Händler, Kaufleute und einkaufenden Bauern der Umgebung, die sich vorübergehend hier aufhielten. Aber erst seit Anfang des 19. Jahrhunderts stieg die Bevölkerungszahl kontinuierlich an, bis um 1950 mit rund 35.400 Menschen die bisherige Höchstzahl erreicht wurde, die seitdem sinkt (Schauer 1990, 20, 25).

Von der Bebauung vor tausend Jahren ist heute im Straßenbild nichts mehr zu sehen, aber die erhaltenen Kaufmannshäuser stehen in dieser Tradition. Der bis heute erhaltene Stadtgrundriss der Altstadt war mit der Entwicklung bis ins 12. Jahrhundert hinein fixiert. Um mehr über die genaue Besiedlungsgeschichte zu erfahren, müsste man systematisch die alten Keller untersuchen. Immerhin erhielten die Quedlinburger Bürger schon im 11. Jahrhundert neben den Marktrechten auch Rechte wie die Grundstücksvergabe, die Polizeikontrolle sowie die Besteuerung und Verwaltung der Finanzen. Spuren, die von dieser frühen Quedlinburger Zeit erzählen, sind an folgenden Stellen erkennbar: am Schlossberg selber und seiner Bebauung, an den romanischen Mauerresten der Vorgängerbauten in den Stadtkirchen sowie an den wissenschaftlich dokumentierten Resten einer romanischen Steinbrücke in einigen Kellergewölben. Als ältestes Fachwerkhaus Deutschlands gilt seit der Untersuchung der Holzbalken das rund 800 Jahre alte Haus in der Hölle 11. Bis 2003 nahm man an, dass der Ständerbau in der Wordgasse 3 das älteste Haus sei. Das dortige Museum gibt einen Überblick über die Entwicklung des Fachwerks in Quedlinburg (s. S. 64 f.).

Das geistliche Zentrum der Ratsherren

Die Marktkirche St. Benedikti

Die markante Zweiturmfront der Marktkirche St. Benedikti wurde im zweiten Viertel des 13. Jahrhunderts an einen bestehenden romanischen Bau angefügt. Der Nordturm schließt mit einem Spitzhelm ab, während der Südturm einen Dachreiter trägt. Zwischen den quadratischen Türmen befindet sich das Glockenhaus. Die Türme sind heute durch ein verschiefertes Walmdach zusammengefasst.

Ihre Bedeutung ging immer über die einer »normalen Pfarrkirche« hinaus. In der evangelischen Marktkirche St. Benedikti wurde auch in früheren Jahrhunderten nicht nur gebetet. Ihre Funktion umfasste weit mehr.

Man nimmt an, dass St. Benedikti in ihren Ursprüngen auf die Zeit zurückgeht, als hier der ottonische Markt entstand, auch wenn sie urkundlich erst sehr spät, nämlich 1233, als Ecclesia forensis (Marktkirche) greifbar wird. Doch im Innenraum haben sich Bauteile erhalten, die sehr viel älter sind. Dazu gehört vor allem eine Krypta (hier ohne Foto), die teils unter der Sakristei und teils unter dem Westteil des Chores liegt, und die auf eine mindestens zwei Jahrhunderte ältere Basilika hindeutet. Da die fast quadratische Krypta nur durch vier Pfeiler ohne weitere Baudetails gegliedert wird, ist sie schwer zu datieren. Ihre Ähnlichkeit mit den Krypten auf dem Münzenberg deutet darauf hin, dass auch diese um das Jahr 1000 entstanden sein könnte – das bleibt aber hypothetisch. Ein anderes Datum verweist auf einen Vorgängerbau der heutigen Kirche: 1173 hat die Äbtissin Adelheid III. von Sommereschenburg eine »ecclesia in urbe sita« (eine in der Stadt gelegene Kirche) geweiht. Dabei könnte es sich um den spätromanischen Nachfolgebau oder eine Erweiterung dieser frühen Kirche handeln.

An den romanischen Bau wurden in der ersten Hälfte des 13. Jahrhundert die heute noch bestehenden Türme angebaut. Während der Bauzeit verband man romanische Elemente mit den moderneren gotischen, was zu einer eigenwilligen Mischung führte. Im 16. Jahrhundert wurde nach einem Brand der südliche Turmhelm durch einen Dachreiter ersetzt. Der nördliche Turm, 1701 ebenfalls durch Feuer beschädigt, wurde in der alten Form wieder aufgebaut.

Die Kirche schien den Bürgern im Laufe der Zeit zu klein und altmodisch, so dass man sie in der zweiten Hälfte des 14. Jahrhunderts zu einer gotischen Hallenkirche mit einem hohen Chor erweiterte. Im Zuge dieser Baumaßnahmen entstand im Norden die Kalandskapelle, die dem Chor gleicht. Ende des 15. Jahrhunderts wurde im Süden die Sakristei über der Krypta errichtet.

Wer heute die Kirche betritt, bemerkt trotz der wertvollen Ausstattung den baulichen Kontrast zwischen dem prächtigen gotischen Chor und dem Langhaus, das beinahe unvollendet anmutet. Tatsächlich musste man im Laufe der Bauzeit wegen

A Ω
IHS

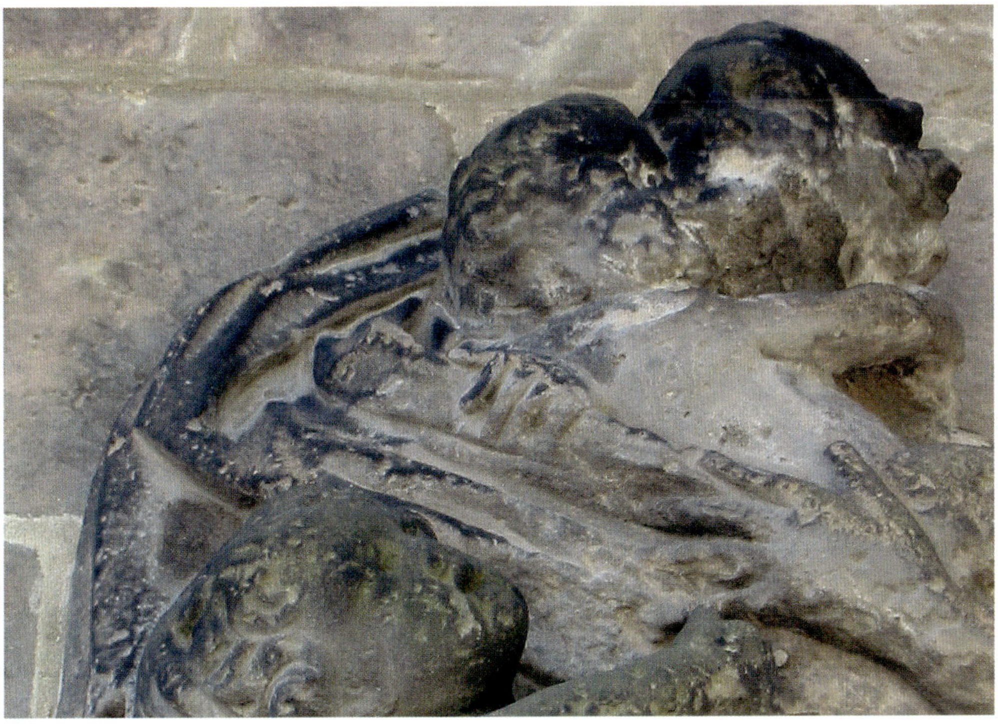

Im Schatten der Marktkirche befand sich mehrere Jahrhunderte lang der Friedhof, an den heute noch das Goetzesche Erbbegräbnis (links und linke Seite) erinnert. Diese kunstvolle Gruft-Kapelle der Familie Gebhard/Goetze steht nördlich der Kirche am Ende einer Häuserzeile am Kornmarkt.

Die Kapelle trägt eine inschriftliche Jahreszahl von 1726 und wurde 1777 erneuert, nachdem sie 1771 der Bürgermeister Johann Andreas Goetze gekauft hatte. Er wurde dort 1801 als letzter beigesetzt. Inzwischen dehnen sich die städtischen Friedhöfe im Westen der Altstadt aus. Denn die Bevölkerungszahl stieg gegenüber dem Mittelalter im 19. Jahrhundert um ein Mehrfaches an.

Geldmangels Abstriche an der geplanten Raumwirkung machen.

Ungewöhnlich für eine Marktkirche ist das Patrozinium des heiligen Benedikt. Dies könnte damit zusammen hängen, dass die Kirche ursprünglich von einer Äbtissin gegründet wurde, denn im Stift lebte man damals noch nach der Benediktinerregel.

Kunstvolle Ausstattung

Aus der untrennbaren Verbindung von kirchlicher und weltlicher Macht, von Damenstift auf der einen, und Bürgern, Handwerkern und Ackerbauern auf der anderen Seite, ergab sich eine soziale und wirtschaftliche Abhängigkeit und eine Wechselwirkung von Geben und Nehmen. Für alle Hansestädte ist die städtebauliche Verbindung von Rathaus und Marktkirche charakteristisch. Auch in Quedlinburg empfingen die Ratsherren die Gesandtschaften anderer Hansestädte in ihrer Marktkirche gleich neben dem Rathaus.

Oft sammelten die wohlhabenden Bürger Geld und stifteten für die Ausstattung ihrer Kirche. Sie bezahlten für gute Plätze während der Messe und nach ihrem Tode, sie finanzierten geschnitzte Kirchenbänke, die Kanzel, Altäre und Altardecken, die Kerzen, Blumen und den Messwein, die Fahnen der Zünfte, bestickte Wandteppiche, Madonnen und Heiligenfiguren. Bis heute sind in St. Benedikti viele mittelalterliche Ausstattungsstücke erhalten geblieben. Dazu zählt auch ein spätgotischer Schnitzaltar, dessen Vesperbild von den Heiligen Servatius und Benedikt flankiert wird. Die kunstvoll geschnitzte Kanzel ist inschriftlich auf 1595 datiert. Sie wird von einem Engel getragen (Foto S. 25) und stellt auf mehreren Reliefs zwischen Apostelfiguren biblische Szenen dar.

Nach 1663 wurde der gesamte Innenraum der Kirche barockisiert. Den Blickfang bildet bis heute der geschnitzte Hochaltar (Foto S. 25), der im Jahr 1700 geweiht wurde. Entworfen hatte ihn 1692 Christian Leonhard Sturm, ausgeführt wurde er von den Bildschnitzern Joachim Querfurth und Sebastian Huggenberge aus Braunschweig. Die Fassung schuf Karl Müller aus Wolfenbüttel, das Gemälde Joachim Luhn aus Hamburg. An den Langhaus-Pfeilern stehen Skulpturen, die einst die heute abgebrochene Orgel schmückten.

Die Zahl der Kirchenmitglieder ist gesunken und die evangelische Gemeinde von St. Benedikti wurde mit der von St. Blasii zur Gemeinde St. Blasii-Benedikti zusammengelegt. Mit sinkenden Einnahmen aus der Kirchensteuer wächst für die sächsische Landeskirche das Problem, die Unterhaltung der Kirchen und ihrer kostbaren Ausstattungen zu finanzieren.

Das Salfeldtsche Palais am Kornmarkt 5

Das Haus des Ratsherrn

Die überaus höfliche japanische Reisegruppe staunt nicht schlecht: Großzügige Eleganz empfängt die Besucher, als sie durch das Rundbogenportal in der schmalen Straße Kornmarkt eintreten. Unwillkürlich fragt sich jeder: Wie kommt ein solch prächtiges steinernes Privathaus in diese Fachwerkstadt? Eben noch duckte man sich in niedrigen Fachwerkhäusern, und gleich um die Ecke, hinter dem Rathaus und der Marktkirche, erwartet die Besucher ein Palais, dessen dreigeschossige Barockfassade kaum mit der digitalen Kamera einzufangen ist.

Dabei ist die Fassade so überaus elegant und raffiniert gegliedert. Ein Mittelrisalit mit hohem Zwerchhaus betont ihre Symmetrie, ohne die Ausgewogenheit von Horizontalen und Vertikalen zu beeinträchtigen. Geschossübergreifende Pilaster rahmen den dreiachsigen Mittelrisaliten mit den Kreuzfenstern. Steinerne Girlanden und verkröpfte Gesimse schmücken die Mauerflächen zwischen den Fenstern.

Wer konnte sich im 18. Jahrhundert ein solches Haus leisten? Es war der Ratsherr und Kämmerer Röttger Salfeldt. Er begann 1734 mit dem Bau des Palais, das seinen

Im Herzen der Fachwerkstadt steht ein steinernes Barockhaus, das es ohne eine Rettungsaktion der Deutschen Stiftung Denkmalschutz heute nicht mehr gäbe. Der Prunk liebende Ratsherr Röttger Salfeldt hatte sich 1734 das nach ihm benannte Palais am Kornmarkt 5 ausschließlich zur Repräsentation errichten lassen. Er selbst wohnte mit seiner Familie im Nachbarhaus Kornmarkt 6 (im Bild rechts daneben), das er in Fachwerk ausführen ließ. Der Blick von oben macht deutlich, dass das Salfeldtsche Palais gar nicht so tief ist wie seine anspruchsvolle Fassade vermuten ließe.

Eine reich verzierte Kartusche mit Familienwappen schmückt den Rundbogen des Hauptportals am Kornmarkt 5.

Namen trägt. Das Palais verweist darauf, dass Röttger Salfeldt nicht nur wohlhabend war, sondern Geschmack besaß. Die Feinsinnigkeit und Eleganz der Fassadengliederung setzt sich im Treppenhaus und in den Innenräumen bis ins Detail fort.

Abgeguckt bei den Stiftsdamen?

Den Mittelpunkt des Palais bildet das Musikzimmer, das mit Régence-Stukkaturen in der Qualität der Schlossausstattung ausgestaltet wurde.

Röttger Salfeldt baute sich das Palais nur für Repräsentationszwecke, gewohnt hat er dort nicht. Stattdessen ließ er für sich und seine Familie gleich nebenan das Nachbarhaus am Kornmarkt 6 bauen – nicht viel geringer dimensioniert, aber in Fachwerktechnik. Daher müssen die Gebäude Kornmarkt 5 und 6 immer als zusammengehörig betrachtet werden.

Das Problem bestand bis vor wenigen Jahren in der Frage, wie man zwei weiträumige, überregional bedeutende Barockhäuser mitten in der kleinen Stadt bespielen, denkmalgerecht nutzen und zugleich öffentlich zugänglich machen kann. Beide Gebäude standen mehrere Jahre leer und waren dringend sanierungsbedürftig. Zuletzt waren das Kreisgericht des Kreises Aschersleben und das staatliche Notariat im Salfeldtschen Palais untergebracht. Dass das Anwesen kaum für privates Wohnen geeignet war, zeigt schon seine Geschichte: Die Familie Salfeldt hatte es kaum 50 Jahre bewohnt, als es 1785 wohl aus Geldnot an das Damenstift verkauft wurde. Und auch die Äbtissin konnte nicht ahnen, dass ihr Stift schon eine Generation später im Zuge der Säkularisation nach 1803 aufgelöst werden sollte. Nur der Stiftshauptmann, der weltliche Vertreter des Stiftes, bewohnte es wenige Jahre, konnte aber nichts mehr in die Bauunterhaltung investieren. Schließlich zog 1815 das Gericht in das Palais ein, das damit rückblickend die längste Zeit seines Bestehens als Gerichtsgebäude diente. Nach dem mehrjährigen Leerstand übernahm die Deutsche Stiftung Denkmalschutz in engster Zusammenarbeit mit der Stadt die Häuser Kornmarkt 5 und 6.

Bis 2001 war die Sanierung des Salfeldtschen Palais abgeschlossen. Seit 2002 befindet sich hier eine Außenstelle der Deutschen Stiftung Denkmalschutz. Seitdem ist das Gebäude täglich geöffnet und die Bürger können es besichtigen. Mit Konzerten, Lesungen und Ausstellungen nimmt es längst einen festen Platz im Kulturleben der Stadt ein. So lockte Ende 2002 die Ausstellung »Beispiele zeitgenössischer Kunst aus den Neuen Ländern« mehr als 10.000

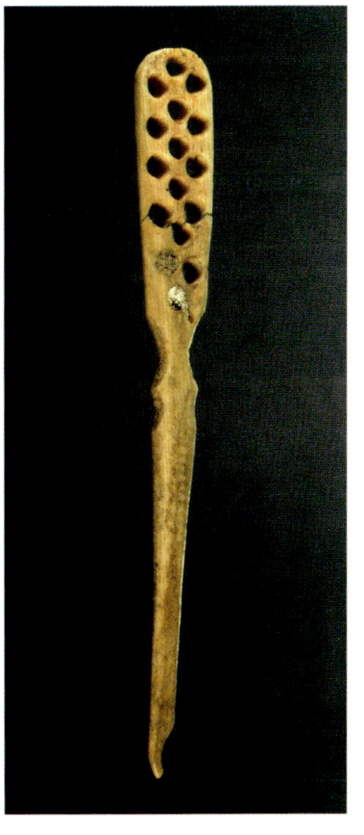

Ein skurriler sozialgeschichtlicher Fund aus der Barockzeit: Die älteste Zahnbürste Europas, 250 Jahre alt – heute natürlich ohne Borsten.

Besucher an. Bis zum Denkmalschutzkongress 2006 sollen beide Gebäude zu einem Veranstaltungs- und Tagungszentrum ausgebaut sein. Da Kornmarkt 5 selber keine Küche besitzt, entsteht in einem hofseitig noch vorhandenen alten Speicher ein Saal für etwa 350 Personen mit Restaurant, das mit den barocken Vorderhäusern verbunden wird. In Zukunft wird das Tagungszentrum von der Quedlinburger Touristik und Marketing GmbH organisiert. Schon jetzt sind am Kornmarkt die Büros des 2001 gegründeten Vereins UNESCO-Welterbestätten Deutschland e.V. eingerichtet. Weitere Kulturinstitutionen haben Interesse an den Räumen angemeldet.

Alltag im 18. Jahrhundert

Röttger Salfeldt liebte den Prunk und stattete seine Häuser geschmackvoll aus. Wie aber gestaltete sich der familiäre Alltag? Naturgemäß weiß man darüber recht wenig. Doch wegen der Bauarbeiten im Innenhof wurde eine archäologische Untersuchung durchgeführt. Dabei entdeckten die Archäologen Dr. Oliver Schlegel und Jens-Uwe Pflug etliche Alltagsgegenstände aus dem Barock. Darunter befand sich auch eine kleine Sensation: Eine 250 Jahre alte Zahnbürste – die älteste, die bislang in Europa gefunden wurde.

Obwohl der griechische Arzt Hippokrates bereits um 400 v. Chr. erkannt hatte, dass »Karies nicht durch einen Wurm verursacht« wurde, glaubten im 18. Jahrhundert viele Menschen an das dubiose Getier, das sich angeblich im Zahnfleisch einnistete und im Zahnschmelz sein Unwesen trieb. Sehr wenige Menschen ließen sich damals von der Notwendigkeit des Zähneputzens überzeugen.

Zahnprobleme hatten im 18. Jahrhundert vor allem die wohlhabenden Bürger. Denn sie konnten sich eine zuckerreiche Ernährung leisten, was zu fülligen Figuren und schlechten Zähnen führen konnte. Um dem vorzubeugen, verwendeten die Salfeldts eine neun Zentimeter lange Zahnbürste aus Schweinsknochen. Sie gehörten daher wohl nicht zu denjenigen, die ein zahnloses Lächeln schamhaft hinter einem Fächer verbergen mussten.

Noch aufwändiger als im Festsaal des zweiten Obergeschosses (Foto S. 30 oben) ist der Stuck des Musikzimmers im ersten Obergeschoss (untere Fotos) ausgearbeitet. Die Motive – Musikinstrumente und Blumenranken – verweisen auf die Funktion des Saales. Die Stukkateure waren die gleichen, die den Thronsaal auf dem Schlossberg schmückten. In aufwändiger Puzzlearbeit wurde der originale Stuck restauriert. Wie kunstvoll sämtliche Details im Salfeldtschen Palais ausgeführt sind, vermittelt auch das obige Treppendetail.

Hofseitig schließt an das Palais ein Seitenflügel in Fachwerkbauweise an. Über einen Laubengang gelangt man in fünf Ferienwohnungen, die man über das ROMANTIK HOTEL AM BRÜHL (Tel. 03946 – 96180) buchen kann.

Die Autorin dankt Carola Nathan für fachliche Informationen.

93 Hektar Flächendenkmal

Der Grundriss der Stadt

Die Altstadt besteht aus vier Teilen, die auf den folgenden Seiten beschrieben werden:

1.
Altstadt

2.
Neustadt

3.
Westendorf und Schlossberg

4.
Münzenberg

Neben diesen vier großen Teilen gibt es zwei kleine Vorstädte: im Norden die Gröper und im Süden die Neuweger Vorstadt.

Diese genannten, links auf der Luftaufnahme deutlich voneinander unterscheidbaren Stadtteile umfassen insgesamt 93 Hektar. Sie stehen vollständig unter Denkmalschutz und bilden das »Flächendenkmal Quedlinburg«, das 1994 in die UNESCO-Welterbeliste aufgenommen wurde. Die 93 Hektar große Fläche verteilt sich wie folgt auf die Stadtteile: 32 Hektar Fläche gehören zur Altstadt, die kaum größere Neustadt umfasst 36,5 Hektar, das Westendorf einschließlich Schlossberg weist 16 Hektar auf, der Münzenberg nur 2,5 Hektar und die beiden Vorstädte, die Gröper Vorstadt und die Neuweger Vorstadt, bestehen aus insgesamt sechs Hektar Fläche. Um dieses denkmalgeschützte Gebiet herum entstanden die Stadterweiterungen des 19. und 20. Jahrhunderts.

Warum aber hat sich der Grundriss der Stadt über Jahrhunderte so erhalten können? Das liegt an den strengen Eigentumsrechten im 17. und 18. Jahrhundert. Als man damals nach und nach die älteren kleinen Fachwerkhäuser durch größere Neubauten ersetzte, war man gezwungen, sich an den alten Straßenverlauf und die Grundstücksgrenzen zu halten. In Städten, in denen im 19. Jahrhundert Vieles neu gebaut wurde – wie etwa in Wernigerode oder Osterwieck – wurde auch der Grundriss viel stärker verändert.

Die topografische Stadtentwicklung

Eine Stadt aus vier Teilen

Quedlinburg besteht aus vier historischen Kernen, die bis heute im Stadtgrundriss (s. vorhergehende Seite) ablesbar sind, weil die Stadt nie überbaut wurde und keine großen Straßenschluchten hinein geschnitten wurden:

1. Die Altstadt

Im Norden liegt die Altstadt mit Marktplatz, Rathaus, Marktkirche St. Benedikti und den beiden Stadtpfarrkirchen St. Ägidii im Norden und St. Blasii im Süden.

2. Die Neustadt

Östlich der Altstadt dehnt sich die Neustadt aus, deren Zentrum die Nikolai-Kirche mit dem Marktplatz am heutigen Mathildenbrunnen bildet. An der Stelle des Brunnens stand bis ins 19. Jahrhundert das gotische Rathaus der Neustadt.

3. Das Westendorf und der Schlossberg

Im Süden erhebt sich der Schlossberg mit der Stiftskirche St. Servatii und dem Schloss, das aus einer Burg und den späteren Stiftsgebäuden hervorgegangen ist, und an dessen Hang sich das Westendorf ausdehnt.

4. Der Münzenberg

Schließlich bildet der Münzenberg eine Felsanhöhe westlich des Schlossberges. Er ist seit dem 16. Jahrhundert ein reines Wohngebiet. Nördlich des Münzenbergs liegen die städtischen Friedhöfe.

Im Süden der mit diesen vier Teilen umschriebenen Stadt dehnten sich auf dem Gelände der ehemaligen Stiftsgärten seit dem 19. Jahrhundert Großgärtnereien und Saatzuchtfelder aus, die Quedlinburg überregional bekannt und wohlhabend machten (s. S. 110). Darüber hinaus lebten in zwei kleinen Vorstädten – in der Gröper Vorstadt nördlich der Altstadt und der Neuweger Vorstadt im Süden – im Mittelalter diejenigen Menschen, denen es nach den damaligen Rechten nicht möglich war, Stadtbürger zu werden und denen es folglich auch verboten war, im Schutze der Stadtmauern zu leben.

Ein Spaziergang zu Fuß kann die unterschiedlichen Dimensionen der Straßenzüge und die Proportionen der Bebauung vermitteln, die auch im Stadtplan ablesbar sind. Im Gehen und Schauen erkennt man, wann man die verwinkelte, kleinteilige Altstadt verlässt und über breitere Straßen in die Neustadt gelangt. Noch großzügiger und lockerer wird das Verhältnis von freistehenden Villen und Parks, wenn man durch die Stadtviertel des 19. Jahrhunderts geht (s. S. 110 f.).

1. Die Altstadt

In Quedlinburg erzählen Straßenverläufe und -namen die Geschichte von Personen und der Stadtentwicklung. Betrachtet man die überwiegend gekrümmten Straßenverläufe des Altstadt-Grundrisses, erscheint die Stadtentwicklung völlig logisch und übersichtlich: Die Breite Straße und die Schmale Straße (letztere heißt am Markt dann selbst redend Marktstraße) verlaufen nahezu parallel zueinander in Nord-Süd-Richtung. Sie geben dort, wo sie sich einander annähern, auf einer dreieckigen gestreckten Fläche den Marktplatz frei. Wo sich das Dreieck im Grundriss am breitesten zeigt, erhebt sich das Bautenensemble aus Rathaus und Marktkirche St. Benedikti. Der Marktplatz vor der Rathausfassade erstreckt sich als langes, von Häusern begrenztes Rechteck. Mehrere Nebenstraßen kreuzen im Norden die Breite Straße und die Schmale Straße im rechten Winkel. Die größten und repräsentativsten, überwiegend dreistöckigen Fachwerkhäuser des 16. Jahrhunderts säumen die wichtigen, breiten Ausfallstraßen der Altstadt, durch die der mittelalterliche Fernverkehr führte, so am Marktplatz, in der Breiten Straße und im Kornmarkt hinter der Marktkirche, während die kleineren Häuser der Handwerker in den Randgebieten der Altstadt zu finden sind. Alle wichtigen Straßen führen über den Marktplatz.

Die Altstadt war allseitig von einem Mauerring mit Stadtgraben geschützt, die beide bei einem Spaziergang entlang der Wallstraße bestens erkennbar sind. Im Osten der Altstadt wurde die Stadtmauer gänzlich niedergelegt, als die Altstadt mit der Neustadt verbunden und um beide ein neuer Mauerring errichtet wurde.

2. Die Neustadt

Die Neustadt ist nicht wirklich »neu«, wie die Stadterweiterungen aus dem 19. Jahrhundert, die in Großstädten so bezeichnet werden, sondern nur etwa 150 Jahre jünger als die Altstadt. Allein diese frühe Verdoppelung der Stadtfläche zeigt, wie schnell Quedlinburg im frühen Mittelalter wuchs. Die Neustadt wurde planmäßig angelegt, nachdem die Altstadt nach wenigen Generationen schon vollständig bebaut war. Während letztere sich nach (der Urkunde Ottos III.) 994 bis 1134 recht schnell entwickelt hatte, musste man in dem tiefer liegenden Gelände an dem Fluss Bode die Altstadt erweitern. 1222 begegnet uns die Bezeichnung Neustadt, »nova civitate«, erstmals in einer Urkunde.

Faszinierend ist, wie sich in kurzer Zeit die städtebaulichen Merkmale gewandelt hatten. Denn während sich die Altstadt mit ihren gewundenen Straßen dicht, eng und über mehrere Jahrzehnte gewachsen zeigt, fällt in der Neustadt als erstes die planmäßige, weiträumige Ordnung auf: Der regelmäßige, fast rechtwinklige Straßengrundriss der Neustadt verrät, dass sie als Ganzes geplant wurde, dass es also eine Stadtplanung gab.

Das Zentrum bildete ein zweiter, ebenfalls fast dreieckiger Marktplatz mit spätgotischem Rathaus und einer Stadtkirche St. Nikolai. Die Äbtissin hatte den Markt in der Neustadt eigens gegründet, er verlor aber schnell seine Bedeutung, weil sich der Handelsverkehr weiterhin auf dem traditionellen Altstädter Markt konzentrierte. Die auf den Neustädter Markt führenden Hauptstraßen, Pölkenstraße und Steinweg, werden von repräsentativen, meist dreistöckigen Fachwerkhäusern gesäumt, wäh-

Die Marktkirche St. Benedikti mit dem unvollendeten Südturm kennzeichnet seit Jahrhunderten von weitem das Zentrum der Altstadt. Im Vordergrund des Fotos ist ganz rechts das Rathausdach mit dem alten Treppenturm zu sehen.

Im Schutze des Schlossberges entwickelte sich das Westendorf. Seine geschwungenen Straßen folgen dem Rund des Sandsteinfelsens.

rend die anderen, kleineren Straßen zweistöckig bebaut sind. Das annähernd rechteckige Straßennetz wird von gleichmäßig zugeschnittenen Grundstücken gesäumt. Die Häuser aus dem 13. Jahrhundert sind heute nicht mehr erhalten, denn sie schienen den Bürgern irgendwann zu klein und wurden deshalb durch größere ersetzt. Die heutige Bausubstanz der Neustadt stammt aus dem späten 17. und 18. Jahrhundert. Im Jahr 1798 gehörte ein Drittel aller Quedlinburger Häuser Handwerkern. Von 500 Handwerkern waren fast 80 Prozent, nämlich 390, Hauseigentümer! (Schauer 1990, 21).

3. Das Westendorf und der Schlossberg

Eng wie in der Altstadt wird es, wenn man den Wordgarten hinter sich lässt und auf gewundenen, sanft ansteigenden Gassen den Schlossberg hinauf geht. Die Bebauung um den Sandsteinfels zählt nicht zur Altstadt, sondern trägt seit dem 14. Jahrhundert den Namen Westendorf. Die Besiedlung dürfte spätestens im frühen 10. Jahrhundert begonnen haben, als 919 mit der Krönung Heinrichs I. zum König die Bedeutung von Quitilingaburg für den überregionalen Marktverkehr unvermittelt stieg. Die erhaltenen ältesten Häuser von Westendorf rühren im wesentlichen aus dem 16. bis 19. Jahrhundert. Die Bewohner am Fuße des Berges unterstanden direkt der Äbtissin.

Das Westendorf wurde erst im Jahr 1810 mit Altstadt und Neustadt zu einer Verwaltungseinheit zusammengefasst. Als Pfarrkirche von Westendorf diente seit der Reformation bis zur Aufhebung 1812 die romanische Kirche St. Wiperti, auf deren Gelände sich vermutlich das älteste Anwesen des späteren Königshauses der Ottonen befand. Da das Westendorf im Schutze des Stiftsberges lag und im Süden vom Mühlengraben umgeben war, brauchte es nicht zusätzlich befestigt zu werden. Es gab jedoch drei Zolltore, das Wassertor im Osten, das Viehtor im Westen und das Altetopftor im Norden.

4. Der Münzenberg

Wer heute den Münzenberg über die Straße oder die rund 100 Stufen hinauf geht, staunt dort oben wegen der so ganz anderen Quedlinburg-Atmosphäre im Vergleich mit den übrigen Stadtteilen, die von mittelalterlichen Bürgern und Kaufleuten geprägt wurden. Der Münzenberg ist etwas Spezielles. Das liegt an seiner nachmittelalterlichen Besiedlungsgeschichte. Denn unter der Äbtissin Elisabeth (1574–1584) siedelten sich dort im späten 16. Jahrhundert in den Ruinen des Benediktinerinnenklosters Wandermusikanten und Menschen an, die ärmer als die anderen waren und keine Bürgerrechte erlangen konnten.

Heute wird man zwischen den liebevoll gepflegten, verwinkelten Häusern von einer romantischen, beinahe südlichen Atmosphäre umfangen, die abseits des geschäftigen Treibens im Tal überdauern konnte. Hier oben gibt es keine Werbetafeln, keine öffentlichen Parkplätze – hier bewegt man sich in einem Wohnviertel. Prachtvolle Fachwerkverzierungen sucht man vergebens. Dafür findet man sorgsam dekorierte Hauseingänge und dezente Farbanstriche.

Schauer (1990, 30–31) verweist auf mehrere Brände, die im 17. Jahrhundert die einfachen Fachwerkhäuser wiederholt zerstört hatten. Die Häuser auf dem Münzenberg wurden über Generationen hinweg an die bestehende Bebauung angebaut und haben deshalb ihre Maßstäblichkeit bewahrt. In ihren Kellern stecken noch mittelalterliche Klostermauern.

Das Benediktinerinnenkloster St. Mariä war 986 von der Quedlinburger Äbtissin Mathilde II. zum Gedächtnis an ihren 983 mit 28 Jahren verstorbenen Bruder, Kaiser Otto II. gestiftet worden. Obwohl Mathilde das Kloster reich ausstattete, musste es seit dem 13. Jahrhundert aus wirtschaftlicher Not Güter verkaufen. Die Reformation beendete endgültig das Klosterleben auf dem Münzenberg. 1524 wurde es geplündert. Die verzweifelten Nonnen flohen, und so verfiel es, bis die Äbtissin Elisabeth rund 50 Jahre später seine Ruinen für eine neue Besiedlung freigab. Der Münzenberg besaß drei Tore: das mit dem Torweg an der Zufahrt von Westen, die Wasserpforte im Süden und die Stadtpforte im Osten. Zu den Pforten im Süden und Osten führen schmale Treppen. (Schauer 1990, 31)

Der Münzenberg wirkt heute abseits des geschäftigen Treibens wie eine Insel der Ruhe. Hier lebten jahrhundertelang Menschen, die sich nicht zum Bürgertum zählen durfen. Heute ist der Münzenberg mit der herrlichen Fernsicht über den Harz und die Altstadt eine bevorzugte Wohngegend.

Die ehemalige Pfarrkirche von Quitlingen

Die Kirche St. Blasii

Um die Blasiikirche langfristig zu pflegen und sie einschließlich ihrer wertvollen spätbarocken Ausstattung auf Dauer zu bewahren, wurden nach der umfassenden Restaurierung unter der treuhänderischen Verwaltung der Deutschen Stiftung Denkmalschutz zwei Stiftungen eingerichtet, die Bodenstein-Stiftung und die St. Blasii-Stiftung.

Als die Pianistin sich nach dem Konzert vor dem Flügel verbeugt und das begeisterte Publikum von den Bänken aufspringt, vermischt sich das Klatschkonzert einen Moment lang mit deutlichem Holzknarren. In diesem Augenblick kann man sich keinen angemesseneren Konzertsaal vorstellen als diesen barocken Zentralbau.

Der mächtige Kanzelaltar, das Kastengestühl und die zweigeschossige Hufeisenempore wurden zeitgleich angefertigt und sind formal und stilistisch aufeinander abgestimmt. Seit fast 300 Jahren schieben sich die Bürger in die schmalen Eichenbänke des barocken Gestühls, während sich die Wohlhabenderen einen Logenplatz erkauften und auf das Geschehen hinunter blickten. Im 18. Jahrhundert lauschte man den Predigten, heute lauscht man überwiegend der Musik, die in der ehemaligen Pfarrkirche St. Blasii durch die hervorragende Akustik unterstützt wird. Nachdem die Gemeinde von St. Blasii mit der von St. Benedikti zusammengelegt wurde, wird der achteckige Raum von St. Blasii heute als Konzertsaal, für Theateraufführungen und andere kulturelle Veranstaltungen genutzt.

Die Geschichte von St. Blasii geht jedoch noch weiter, bis in die Entstehungszeit der Stadt, zurück. Denn die Altstadt zu Füßen des Schlossberges entwickelte sich in seinem Schutze aus zwei Siedlungen: Aus den Dörfern Quitlingen mit der Pfarrkirche St. Blasii und Nördlingen um die Pfarrkirche St. Ägidien. Erst später stieg St. Benedikti nördlich des Rathauses zur Hauptkirche der Altstadt auf.

Wer war Blasius?

Die Kirche trägt das Patrozinium des heiligen Blasius, eines Heiligen, der für viele mittelalterliche Berufsgruppen, wie man sie in Quedlinburg findet, Bedeutung hatte. Er wird als einer der vierzehn Nothelfer bei Halsleiden und Sturm angerufen und ist der Schutzpatron des Viehs. Die Legende berichtet, dass Blasius vor der Christenverfolgung des Kaisers Diokletian in den Wald flüchtete, wo er als Einsiedler lebte, kranke Tiere und später auch Menschen heilte. Selbst ein beliebter Arzt im heutigen Armenien, wird er auch als Patron der Ärzte verehrt. Er wird von vielen Handwerksberufen als Schutzpatron angerufen, bei-

Spuren aus der Vergangenheit am originalen Stein: Schleifrillen und Schleifnäpfchen werden die seltsamen Vertiefungen genannt, die an vielen Kirchenaußenmauern zu sehen sind. An St. Blasii findet man auffallend viele davon. Es gibt einige Erklärungsversuche dafür, aber wie diese Spuren wirklich entstanden sind, kann wohl niemand überzeugend erklären.

spielsweise von den Bäckern, Hutmachern, Maurern und anderen Bauleuten, Schneidern und Wachsziehern, weshalb er auch oft mit einer Kerze dargestellt ist.

Von der ersten romanischen Blasiikirche stecken noch Teile in der westlichen Turmfassade. Der barocke Zentralbau mit dem Rechteckchor wurde in zwei Jahren (1713 – 1715) gebaut. Die Werksteinfassaden des gestreckten Oktogons sind durch flache Kolossalpilaster gegliedert, die einen hohen Gebälkstreifen tragen. Profilierte Fenster und reich gestaltete Portale ergänzen die feine Gliederung.

Fünf Jahre nach Fertigstellung der Kirche erhielt der Innenraum (1720 – 1723) die bis heute erhaltene, einheitliche Ausstattung. Die Decke besteht aus einem mit Stuck verzierten Muldenkappengewölbe. Das Mittelfeld trägt das gemalte Wappen der Äbtissin Maria Elisabeth von Schleswig-Gottorp (1718 – 1755).

Konzerte wie das anfangs genannte bereichern das Kulturleben von Quedlinburgs Altstadt. Das selbstverständlich erscheinende einheitliche Raumerlebnis des Spätbarock ist vielen engagierten Bürgern und bundesweiten Spendern und Stiftern zu verdanken, die eine fast zehnjährige, umfangreiche Sanierung möglich machten. So mussten das Dach repariert und die Mauern schwammsaniert werden, die Emporen gesichert und der Fußboden erneuert werden. Auch Kunstwerke wie das Abendmahlbild, das Wulffen-Epitaph und die sieben Pastorenbilder wurden restauriert. St. Blasii ist zunächst gerettet. Da darf es auch mal im Gebälk knarren.

Die ehemalige Pfarrkirche St. Blasii befindet sich im Eigentum der Stadt. Der zweigeschossige Kanzelaltar wurde von dem anhaltinischen Landbaumeister Johann Heinrich Hoffmann entworfen und von den Quedlinburger Bildhauern und Malern Johann Wilhelm Kunze, Heinrich Erdmann Riese und Gottfried Sommer ausgeführt.

Die Anfänge der Stadtentwicklung

Saß Herr Heinrich einst am Finkenherd?

Um das Alter und die Gründung bedeutender Orte ranken sich oft Legenden. Das Leben besteht nun einmal aus Geschichten. Geschichten von den einen über die anderen. Denn jeder will später wissen, wo »es« war und wann es war und ob es damals »wirklich« so aussah wie jetzt. – Natürlich nicht. Aber darum geht es nicht. Wo also ganz genau ist die Stadt Quedlinburg entstanden? Hier natürlich!

Die Legendenversion weiß es genau. Sie beginnt mit den vielfach zitierten Versen, »Herr Heinrich sitzt am Vogelherd, recht froh und wohlgemuth …« aus einem, pardon, nicht sonderlich geglückten Gedicht aus dem 19. Jahrhundert, vertont von Carl Loewe. Als Entschuldigung wird es hier abgedruckt. Die Verbreitung der Ballade trug entscheidend dazu bei, aus einer romantischen Idee vermeintlich Wirklichkeit zu machen. Demnach hätten (in der Straße) Am Finkenherd – die damals keine solche war, da Heinrich ja zum Finkenfang unterwegs war – unterhalb des damaligen Burgberges die Großen des Reiches im Winter 918 dem Sachsenherzog Heinrich, genannt »der Vogeler«, die Königskrone angetragen. Der damals fast 40-jährige Herzog habe die Krone nur angenommen, weil jene Begegnung ganz offensichtlich gottgewollt gewesen sei.

Tatsächlich bildet sich in dieser Geschichte eine äußerst brisante politische Situation ab. Es ging um nichts Geringeres als um die Vorherrschaft der Fürsten in Westeuropa. Jahrelang lag in der Schwebe, welcher Adelsfamilie es gelingen sollte, die längst schon geschwächte Dynastie der einst mächtigen Karolinger abzulösen. Um den Verdacht der Intrige zu unterbinden, wird die Entscheidung der Fürsten für Heinrich als gottgewollt dargestellt. Heinrich hat nämlich ein großes Problem. Er ist ein Emporkömmling, zwar erfolgreich bei der Verteidigung des Landes mit Waffen, aber ansonsten ohne Legitimation »von

Die Straße Am Finkenherd liegt unmittelbar unterhalb des Schlossberges im ehemaligen Westendorf. Dort soll dem Sachsenherzog Heinrich der Legende nach im Jahre 918 die Königskrone angeboten worden sein. Wie Heinrich und seine Gattin Mathilde aussahen, weiß man nicht. Beim Quedlinburger Kaiserfrühling behauptet das auch niemand. Man versucht allenfalls, sich die Andersartigkeit vor tausend Jahren auszumalen, um einen leichteren Zugang zu jener weit entfernten Zeit zu bekommen.

oben«. Deshalb muss er seinen ehrgeizigen Griff nach der Krone mit Fingerspitzengefühl und geschickter Privilegienvergabe absichern. Tatsächlich wird er auf dem im Mai 919 in Fritzlar einberufenem Reichstag als Heinrich I. zum Rex (König) erwählt und regiert bis 936.

Die Legende vom Finkenherd wurde seit dem 19. Jahrhundert gern als Gründungsereignis des deutschen Reiches bemüht, was es mit Sicherheit nicht war. Denn im 10. Jahrhundert war ein Reichsbegriff, wie er seit der Herausbildung europäischer Nationalstaaten im 19. Jahrhundert entstand, gänzlich unbekannt. Seit Generationen diskutierten Historiker, ob mit Heinrich und den Ottonen die fränkische Geschichte fortdauerte oder die deutsche begann. Gewiss schufen die Ottonen viele Voraussetzungen für die deutsche Geschichte, aber als Könige über das Frankenreich und das Imperium Romanum kannten sie noch kein deutsches Reich.

Heinrich war ein »frankisierter« Herzog einer aufstrebenden und reichen sächsischen Familie, die das bis dahin regierende fränkische Haus, die Karolinger, ablöste und die nach Heinrichs Sohn Otto I. später »Ottonen« genannt werden sollten. Heinrich wurde zwar 919 in Fritzlar zum König gewählt, aber selbstverständlich in Aachen gekrönt. Er knüpfte an die Reichspolitik der Karolinger an, die Rom als historischen Ursprung ihres christlichen Imperium Romanum verstanden.

Die Fürsten des Reiches erwarteten von dem Emporkömmling Heinrich I. vor allem eines: Die Sicherung der östlichen Grenzen Europas. Seit Jahren drohte dort Gefahr durch die Heere der Ungarn.

Die Legende will es, dass in der heutigen Straße Am Finkenherd eine folgenschwere politische Begegnung stattgefunden habe. Dort sollen die Fürsten dem Sachsenherzog Heinrich im Jahr 918 die Königskrone angeboten haben. Es kann durchaus hilfreich sein, Vorstellungen von Ereignissen an Orten fest zu machen, wenn man dabei nicht vergisst, dass es garantiert so nicht aussah.

Warum aber sollte sich Heinrich gerade im Harz aufgehalten haben, als man ihm die Krone antrug? Was die Quellen übrigens widerlegen. Weil ihm dort viel Land gehörte. Seine Familie besaß bei Quedlinburg einen ihrer Stammsitze, der mit Heinrichs Krönung schlagartig an politischer Bedeutung gewann. Aus den Urkunden geht hervor, dass er sich viermal hier aufhielt und 16 Prozent seiner Urkunden hier ausstellte.

Wichtig ist die Urkunde vom 22. April 922. Darin wird zum ersten Mal der Name der späteren Stadt genannt: »... actum in villa, quae dicitur Quitilingaburg ...«, also ausgestellt an einem Ort – einem größeren Wirtschaftshof – mit dem Namen Quitilingaburg, dem späteren Quedlinburg.

Wo aber lag dieses Anwesen, das unter Heinrich I. zum Königshof aufstieg? Man weiß es nicht exakt. Sicherlich nicht auf dem Schlossberg, sondern weiter südlich zu Füßen dieses Sandsteinfelsens, dort, wo später das Kloster mit der Basilika St. Wiperti entstand (s. S. 60). Gleichwohl ließ Heinrich I. aus strategischen Gründen auf der höchsten Erhebung der Gegend eine Burg mit dazu gehöriger Kapelle ausbauen, in der er nach seinem Tode bestattet sein wollte. Seinem Wunsch gemäß wurde er, nachdem er 936 in seiner nahe gelegenen Pfalz Memleben verstarb, nach Quitilingaburg überführt und wohl in der Burgkapelle beigesetzt, die später zur Krypta der heutigen Basilika ausgebaut wurde und sich zur königlichen Grablege entwickelte. Sein Grab wurde nie gefunden.

König zu sein bedeutete im frühen Mittelalter, ständig umher zu reisen, von Pfalz zu Pfalz zu ziehen, die Grenzen zu sichern und die Bewohner durch gegenseitige Abmachungen und Treuebekundungen an die Herrschaft zu binden. Diese Herrschaftsform nennt man daher »Reisekönigtum«. Keinesfalls also hatte Quedlinburg als »Königshof« eine Bedeutung, die später den Schlössern zukam. Quedlinburg war im 10. Jahrhundert allenfalls ein bevorzugter Aufenthaltsort des Königshauses, der in der nächsten Generation unter Otto I. mit Nachdruck ausgebaut wurde. Durch Besitzübertragungen anderer Güter an Quedlinburg stiegen dort die Einkünfte, so dass man zügig bauen konnte.

Wenn König Heinrich I. seiner Ehefrau Mathilde 929 die Ortschaften Quitilingaburg, Pöhlde, Nordhausen, Gronau und Duderstadt schenkte, um sie nach seinem Tode finanziell abzusichern, deutet das darauf hin, dass dieser königliche Hof aus Gründen, die man nur indirekt erschließen kann, bevorzugt wurde. Und als Heinrichs Sohn und Nachfolger Otto I. unmittelbar

Die Straße Am Finkenherd. Der Quedlinburger Lehrer Hermann Lorenz fomulierte 1922 dazu: »Von allen Finkenherden, an denen der König Heinrich die Krone empfangen haben soll, zu Goslar, Harzburg, Blankenburg, Memleben u. a., ist der zu Quedlinburg der bekannteste und anerkannteste.« (Lorenz 1922, 37). Der Behauptungscharakter schuf Fakten, denn es geht nicht um Geschichte, sondern um Geschichten.

Gedicht von Johann Nepomuk Vogl (1802–1866)

Herr Heinrich sitzt am Vogelherd
recht froh und wohlgemut.
Aus tausend Perlen blinkt und blitzt
der Morgensonne Glut.

In Wies' und Feld, in Wald und Au,
erhebt sich süßer Schall!
Der Lerche Sang, der Wachtel Schlag,
die süße Nachtigall.

Herr Heinrich schaut so fröhlich drein:
»Wie schön ist heut die Welt!
Was gilt's? Heut gibt's 'nen guten Fang!«
Er lugt zum Himmelszelt.

Er lauscht sich von der Stirn
das blondgelockte Haar.
»Ei doch, was sprengt denn dort herauf
für eine Reiterschar?«

Der Staub wallt auf, der Hufschlag dröhnt,
es naht der Waffen Klang.
»Dass Gott! Die Herren verderben mir
den ganze Vogelfang!«

nach seiner Krönung 936 in Aachen auf dem Quedlinburger Burgberg ein Damenstift gründet und es großzügig ausstattet, ist der unaufhaltsame Aufstieg von Quitilingaburg besiegelt.

Nur schwer kann man sich heute die Bedeutung eines königlichen Damenstifts im Mittelalter vorstellen. Ein Stift hatte damals nichts zu tun mit Weltabgeschiedenheit hinter dicken Mauern. Die vom König gestiftete und durch wiederholte Schenkungen bedachte Institution diente der standesgemäßen Unterbringung der vornehmsten Töchter mächtiger Adelsfamilien. Die Frauen erhielten dort eine hervorragende Erziehung und Bildung, so dass sich das Stift zu einem europaweit ausstrahlenden politischen und kulturellen Zentrum entwickelte. Dorthin lud der König zu den Hoftagen ein, dort feierte die ganze Königsfamilie mit den Fürstenfamilien Ostern, das wichtigste Fest im Jahreskreis – und daher ein Anlass für politische Nachfolgeregelungen –, dort wurde immer Politik betrieben.

Das Reichsstift Quedlinburg blühte bereits unter der Königinwitwe Mathilde zu einem kulturellen und machtpolitischen Zentrum auf. Ihre gleichnamige Enkelin wurde die erste Äbtissin und war als Bauherrin zielstrebig und erfolgreich. Das Stift war ein in sich geschlossener Gerichts- und Verwaltungsbezirk. Es lag hoch über dem zu seinen Füßen entstehenden Handelsflecken mit den Siedlungen. In kirchlichen Angelegenheiten stand das Stift unter dem Schutz des Papstes, in weltlichen unter dem des Königs bzw. Kaisers.

Insofern weisen die Fachwerkhäuser Am Finkenherd auf Vieles hin, was mit dem Aufstieg Quedlinburgs verbunden war und Jahrzehnte später zum Entstehen einer Stadt führte. Irgendwo am Fuße des Berges mit der Befestigung, dort, wo sich im Schutze königlicher Machtpolitik Menschen ansiedelten und Handel trieben, irgendwo dort könnte an unbekannter Stelle im Winter 918 ein politisches Treffen stattgefunden haben – vermutlich im kleinen Kreise – und auch ohne Heinrich.

»Ei nun, was gibt's?« – Es hält der Tross
vorm Herzog plötzlich an.
Herr Heinrich tritt hervor und spricht:
»Wen sucht ihr da? Sagt an!«

Da schwenken sie die Fähnlein bunt
Und jauchzen: »Unsern Herrn!
Hoch lebe Kaiser Heinrich, hoch
des Sachsenlandes Stern!«

Dies rufend, knien sie vor ihn hin
Und huldigen ihm still.
Und rufen, als er staunend fragt:
»'s ist's deutschen Reiches Will!«

Da blickt Herr Heinrich tief bewegt
hinauf zum Himmelszelt:
»Du gabst mir einen guten Fang!
Herr Gott, wie Dir's gefällt.«

Vom sächsischen Königshof im Tal zum Stiftsberg

Ein Zentrum mittelalterlicher Herrschaft

Vor allem waren sie unglaublich jung, verglichen mit heutigen Politikern, die Könige des 10. Jahrhunderts. Wer würde heute einem 18-jährigen die Herrschaft über halb Europa übertragen, selbst wenn er erfahrene Berater vorweisen könnte? Damals hatten die Könige nicht nur hervorragende Erzieher, sondern vor allem Mütter und Ehefrauen.

Was banal und wie eine typische Sichtweise des 21. Jahrhunderts klingen mag, ist für die Nachfolger König Heinrichs I. charakteristisch. Heinrichs Sohn Otto I. tritt mit 23 Jahren die Königsherrschaft an, dessen Sohn Otto II. beginnt mit 18 Jahren zu regieren. Und als er mit 28 Jahren unerwartet stirbt, kann der Thronanspruch für den dreijährigen Thronfolger Otto III. nur durch die geschickte Politik seiner griechischen Mutter Theophanu, seiner italienischen Großmutter Adelheid, seiner Tante Mathilde und seiner Schwester Adelheid erhalten werden. Diese Damen regierten von hier oben, vom damaligen Stiftsberg.

Feinste Buchmalerei aus dem 10. Jahrhundert: In der Mitte thront Kaiser Otto II. Ihm stehen vier Frauengestalten zur Seite, die ihm huldigen. Diese Frauen versinnbildlichen die Provinzen seines Reiches: Germania und Francia stehen rechts, Allamania und Italia links. (Trier, Meister des Registrum Gregorii, um 983. Chantilly, Musée Condé, einzelnes Pergamentblatt Nr. 15654.)

Dieser sah im 10. Jahrhundert völlig anders aus als heute. Damals begann man erst mit den Stiftsgebäuden auf dem Ovalplateau, das als rauer Sandsteinfels heute noch sichtbar ist. Im Laufe der Zeit wurde das Plateau durch Auffüllungen und Substruktionen so erweitert, dass es heute eine Länge von etwa 100 Metern und eine Breite von 50 Metern aufweist (Voigtländer 1989, 17). Geht man den steilen Aufgang von der Altstadt hinauf, Am Finkenherd vorbei, bis auf den idyllischen Platz vor dem Klopstockhaus, steht man vor dem heutigen Zugang im Norden der mächtigen Anlage. Der Felsengrund ragt hier weit in die Straße hinein und kann dem Betrachter durchaus Respekt einflößen. Denn man kann erahnen, welch große technische und physische Anstrengungen nötig gewesen sein müssen, um auf dem unregelmäßigen Sandstein Gebäude von der Höhe eines Hochhauses zu bauen. Seit 2003 ist klar, dass der Felsuntergrund sehr schnell gesichert werden muss, wenn man die romanische Stiftskirche und das Schloss erhalten will. Zwar wurde der Fels schon einmal in den 1960er Jahren systematisch stabilisiert, aber nun ist abermals eine umfangreiche Sicherung nötig.

Die Geschichte des Schlossberges beginnt lange vor den Ottonen. Archäologische Ausgrabungen ergaben, dass der Berg spätestens seit dem Ende der Eiszeit besiedelt war und man in der Bronzezeit eine Umwallung angelegt hatte. Im Mittelschiff der Stiftskirche fand man außerdem Kellergruben aus der Eisenzeit. Funde wie Getreidereste, Webgewichte, Spinnwirteln und Töpfe bezeugen den damaligen Alltag (Voigtländer 1989, 17).

Im frühen 10. Jahrhundert war bereits eine militärische Befestigung vorhanden, die Heinrich I. im Zuge seines systematischen Burgenausbaus erweitern ließ. Das Ausmaß und der Umfang dieser Befesti-

»Nach vielen Ausblicken, die ich habe kosten dürfen, koste ich nun jenen von der Quedlinburger Höhe. Ein ferner goldener Dunst mischt sich in die Herbstlichkeit der Luft. Jenseits der unten am Burgfelsen hängenden Häuschen, jenseits der Blumen- und Stoppelfelder stehen in der Ferne bläulich die Harzberge. Drei Harzstädte umfasst der Blick: Quedlinburg, Ballenstedt, Gernrode. Jede der drei hat ihren Herrn und seine Grabstätte. Heinrich liegt in Quedlinburg, Albrecht der Bär in Ballenstedt, Markgraf Gero in seiner Stiftskirche Gernrode. Das Dreieck dieser Städte- und Männernamen bezeichnet zweieinhalb Jahrhunderte einer geschichtlichen Aufgabe: der deutschen Macht- und Reichsausbreitung nach Osten, bis nach Böhmen und Schleswig, über die Elbe und Oder bis an die Warthe.« (Werner Bergengruen, Quedlinburger Abschied. In: Deutsche Reise, 1934)

gung ist teilweise ergraben. Grundlegende Informationen lieferte Hermann Wäscher mit seiner 1959 publizierten Ausgrabungsdokumentation und später Gerhard Leopold. Die Quellen berichten von bestehenden Klostergebäuden, als Heinrich I. 936 stirbt (d. h. auch einer steinernen Kirche).

Die Ideenstifter: Heinrich und Mathilde

Die eigentliche Geschichte des Stifts beginnt mit diesem weit blickenden Politiker und verantwortungsvollen Ehemann und Vater: Wohl mit »Anfang 50« ruft König Heinrich I. am 16. September 929 einen Hoftag ein und überrascht die Anwesenden durch den Erlass seiner »Hausordnung« – mit der er sich nicht nur Freunde macht. Denn die Hausordnung regelt im wesentlichen zwei Dinge, die nach seinem Tode eintreten: Erstens verfügt Heinrich, dass ausschließlich sein ältester Sohn Otto – damals kaum 17 Jahre alt – nach seinem Tode sein Erbe und Nachfolger als König wird. Und als er sieben Jahre später stirbt, tritt sein 24-jähriger Sohn 936 als Otto I. tatsächlich direkt die Herrschaft an. Zähneknirschend, muss man hinzufügen, haben die anderen Familienmitglieder dies mit ansehen müssen. Sogar sein eigener Bruder hält die Entscheidung für so ungerecht, dass er Otto sogar ermorden will: Als Otto direkt nach seiner Aachener Königskrönung zum Osterfest nach Quedlinburg reist, hat sein jüngerer Bruder Heinrich mit einigen Fürsten geplant, ihn zu töten. Doch zurück zum zweiten folgenreichen Punkt der Hausordnung: Zweitens regelt Heinrich, dass seine Gattin, Königin Mathilde, bei seinem Tode sofort über die ihr

929 übertragenen Witwengüter verfügen kann. Dazu zählen Quitilingaburg, Grone, Duderstadt, Pöhlde und Nordhausen.

Als Heinrich I. 936 in seiner Memlebener Pfalz etwa 60-jährig eines natürlichen Todes stirbt, lässt die Königswitwe Mathilde ihn in Quitilingaburg beisetzen und gründet im gleichen Jahr im Gedenken an ihn das hochadelige Kanonissinnenstift St. Servatii auf dem damaligen Burgberg, dem heutigen Schlossberg.

Das Grab Heinrichs I. wurde nie gefunden, obwohl Äbtissinnen wie Anna Amalie, Archäologen und Historiker es immer wieder suchten, denn das Grab wurde im Zuge der deutschen Identitätssuche zu einem Politikum. Auch die Nationalsozialisten finanzierten umfangreiche Arbeiten, weil sie den 919 zum »Rex« über das Imperium Romanum gewählten sächsischen Herzog ideologisch benutzten, um ihn zum ersten deutschen König zu stilisieren und ihm die pervertierte Gründungslegende eines vermeintlich »Tausendjährigen deutschen Reiches« überzustülpen. Das Todesjahr Heinrichs I. 936 nahmen die Nationalsozialisten 1936 zum Anlass für religiös verbrämte Selbstinszenierungen. Dazu bauten sie sogar die Stiftskirche St. Servatii um (s. S. 53). Sie scheuten sich nicht einmal, das leer geräumte Gotteshaus als politische Kultstätte zu missbrauchen und es mit ihren Symbolen zu entweihen. Der Missbrauch der Geschichte gehört heute zur Rezeptionsgeschichte von Heinrich I. und den Anfängen des Schlossberges.

Rückblickend hat Heinrich I. in den 17 Jahren seiner Königsherrschaft vieles erreicht, was die Fürsten von ihm erwartet hatten, vor allem in militärischer Hinsicht.

Blick vom Schlossberg auf die Altstadt zu Füßen des etwa 30 Meter hohen Felsens. Die Türme der Stadtkirchen überragen die Ziegeldächer der Fachwerkhäuser. In der Ferne sieht man den Harz.

Die Stiftskirche St. Servatii wurde im Laufe der Jahrhunderte mehrfach umgebaut und ergänzt. Die erste Kirche (997 geweiht), wurde als kreuzförmige, dreischiffige Basilika mit östlichem Querhaus errichtet. Anlass für diesen ersten Bau unter Otto I. war die feierliche Überführung der Gebeine des Heiligen Servatius aus Maastricht im Jahre 961. St. Servatii ist zeitlich und stilistisch eng mit der Stiftskirche in Gernrode verwandt. Als der ottonische Bau von St. Servatii 1070 abbrannte, baute man direkt den Nachfolgebau auf den alten Grundmauern wieder auf. Die westliche Turmfront entstand für den Neubau des 11. Jahrhunderts, aber die beiden Türme erhielten erst 1877–1882 die heutige Gestalt.

Das Jahr 933 war das entscheidende Jahr: Da besiegte er die berittenen Truppen der Ungarn bei Riade an der Unstrut und handelte eine neunjährige Friedenszeit aus, die er dazu nutzte, die Grenzgebiete zu sichern. Deshalb hinterließ Heinrich I. vor allem Wehrbauten. So ließ er auch die vormals slawischen Burgen, die Brandenburg und die Meißener Burg, als Stützpunkte für die späteren Eroberungen östlich von Elbe und Saale ausbauen.

Aus Königin Mathilde wird eine Heilige

Für die Entwicklung des Stifts ist Königin Mathilde (geboren um 895) vielleicht wichtiger als ihr Mann. Sie überlebt ihn um etwa 35 Jahre. Damit hat sie rückblickend betrachtet genügend Zeit, das Stift als gemeinsames Lebenswerk mit umfangreichen Schenkungen und kluger Personalpolitik zu etablieren. In den Papsturkunden wird gleichwohl nur ihr Gatte König Heinrich I. als Gründer genannt. Dennoch sollte man sie beide als die Begründer des Quedlinburger Stifts ansehen, auch wenn die heutige Stiftskirche erst unter den Urenkeln des Königspaares entstand.

Was die Anfang 40-jährige Witwe Mathilde auf dem Berg beim Tode ihres Mannes vorfindet, ist eine befestigte Anlage auf einem Gelände, das ihr Schwiegervater als Hausgut für seine Familie erworben hatte (s. S. 60). Zu einer Burg gehört eine Kapelle. Aber daneben gab es hier offenbar eine Kirche, die Heinrich I. seit seiner Hausordnung 929 hatte ausbauen lassen, weil er dort später begraben sein wollte (Voigtländer 1989, 88 f).

Als Witwe und Mutter des 24-jährigen Königs Otto I. zieht sich Mathilde keineswegs auf einen ruhigen Witwensitz zurück, dafür sind die Zeiten politisch viel zu unruhig. Mathilde beginnt vielmehr, die bestehende Anlage auszubauen und schafft bis zu ihrem Tod 968 die Grundlagen für das mächtige Stift. Vier Wochen nach dem Tod ihres Mannes lässt sie am 30. Juli 936 eine »Vereinigung gottgeweihter Jungfrauen« nach Quedlinburg kommen, wie Bischof Thietmar von Merseburg berichtet. Während auf dem Berg gebaut wird, gründen die Kanonissen im Tal das Wipertikloster (s. S. 60).

Wer war Mathilde, die man später die »Mutter der Königinnen« nannte und als Heilige verehrte? Sie wurde um 895 im sächsischen Engern geboren und war die Ururenkelin des Sachsenherzogs Widukind. Sie starb hier mit etwa 73 Jahren am 14. März 968. Ihr Grab in der Quedlinburger Krypta ist eines der wenigen Beispiele für ein original erhaltenes mittelalterliches Heiligengrab. Mathilde war bereits zu Lebzeiten für ihre Mildtätigkeit bekannt und wurde nach ihrem Tod vom Volk spontan als Heilige verehrt. Bis zum heutigen Tag gedenkt die katholische Gemeinde an jedem 14. März der heiligen Mathilde an ihrem Grab in der Krypta. Der Deckel des Sarges mit der lateinischen Inschrift lautet in Übersetzung: »Am 14. März starb die Königin Mathilde, die auch hier ruht und deren Seele die ewige Ruhe finden möge.«

Die Bedeutung des Stifts stieg durch die Heiligsprechungsprozesse im 11. Jahrhundert enorm, denn man konnte nun auf eine echte Heilige als Gründerin verweisen.

Das Jahr 961 war für Mathilde ein entscheidender Erfolg: Es gelang ihr, in Maastricht die Reliquien des heiligen Servatius zu erwerben und in einer feierlichen Prozession nach Quedlinburg zu überführen. Damit war der geistliche Anspruch des Stiftes besiegelt. Fünf Jahre später sah die inzwischen über 70-jährige Mathilde die Zeit gekommen, ihre Nachfolge zu regeln. Sie ließ 966 ihre damals zwölfjährige, von ihr auf dem Schlossberg erzogene, gleichnamige Enkelin Mathilde zur ersten Äbtissin

Alle Kapitelle von St. Servatii sind reich geschmückt. Ein wichtiges Motiv war der Adler, Symbol für königliche Macht und Stärke.

Quedlinburgs weihen. Zwei Jahre später starb Mathilde I., und Mathilde II. trat mit 14 Jahren eine mehr als drei Jahrzehnte währende Herrschaft als Äbtissin an

Die Bauherrinnen Mathilde II. und Adelheid I.

Die Baugeschichte des Stifts ist kompliziert und keineswegs lückenlos geklärt, denn es wurde im Laufe der Jahrhunderte mehrfach umgebaut (Voigtländer 1989, 90 f.). In jedem Falle muss man von einer Klausur und einem Kreuzgang ausgehen, auch wenn deren Lage nicht bekannt ist.

Man weiß, dass Mathilde II. bald nach dem Tode ihrer Großmutter ab 968 eine bestehende kleinere Kirche aus dem frühen 10. Jahrhundert in Richtung Westen erweiterte. Immerhin ist eine Weihe nach rund 30-jähriger Bauzeit am 10. März 997 überliefert. Was aber genau geweiht wurde und wie die Kirche bis dahin aussah, kann nur rückgeschlossen werden. Vermutlich war es das Langhaus der Basilika. Übrigens hatte Mathilde 986 zum Gedenken an ihren drei Jahre vorher verstorbenen Bruder Kaiser Otto II. auch das Benediktinerinnenkloster auf dem Münzenberg gegründet (s. S. 100).

Zwei Jahre nach der Weihe von St. Servatii stirbt Mathilde II. 999. Sie wird westlich von ihren Großeltern, dem Königspaar Heinrich und Mathilde, beigesetzt. Ihre Nachfolgerin wird ihre Nichte Adelheid, die älteste Tochter des Kaisers Otto II. und der Kaiserin Theophanu, einer byzantinischen Prinzessin. So berichtet der Bischof und Geschichtsschreiber Thietmar von Merseburg über die Kaiserfamilie:

»… so wahrte sie (= Theophanu) ihres Sohnes (= Otto III.) Herrschaft mit männlicher Wachsamkeit in ständiger Freundlichkeit gegenüber Rechtschaffenen, in furchtgebietender Überlegenheit gegenüber Aufsässigen. Von ihres Leibes Frucht brachte sie Gott ihre Töchter als Zehnten dar: die älteste, Adelheid, zu Quedlinburg, die zweite, Sophia, in Gandersheim.« (Thietmar Chron. IV, 10)

Als Kaisertochter verfügt Äbtissin Adelheid I. über die finanziellen Mittel, um bis 1021 einen ottonischen Großbau errichten zu lassen, der heute in seinen Dimensionen (nicht in seinen Details) erlebbar ist. Als Kaiser Heinrich II. am 22. September 1021

Ort 36 auf der Straße der Romanik: Quedlinburg

Der »Kaiserfrühling«, mehrere Historienspektakel mit mittelalterlichen Kostümen, bildet seit einigen Jahren zu Ostern und Pfingsten eine beliebte Attraktion für Quedlinburger und Besucher. Ähnlich bunt und voller Menschen darf man sich die vielen mittelalterlichen Königs- und Kaiseraufenthalte auf dem Schlossberg vorstellen. Die Kaiserinnen Theophanu und Adelheid hielten sich oft wochenlang hier auf.

nach Halberstadt zur Domweihe kommt, nutzt Adelheid offenbar seine Anwesenheit in der Nähe, um in seinem Beisein auch ihre neue Kirche weihen zu lassen. Es wird berichtet, dass die Stiftskirche mit vielen Reliquien und kaiserlichen Geschenken »so prachtvoll als möglich ausgestattet« war (Voigtländer 1989, 90f.). Die Stiftsdamen nahmen im Mittelalter wahrscheinlich wie in Gernrode im südlichen Querhausarm Platz (Voigtländer 1989, 27). Als Adelheid 1043 stirbt, wird sie traditionsgemäß in der Familienkrypta beigesetzt.

Die Stiftskirche der Äbtissin Adelheid wurde 1070 durch ein Feuer schwer beschädigt, aber unmittelbar nach dem Brand auf denselben Grundmauern wieder aufgebaut, so dass sie einen ottonischen Raumeindruck vermitteln kann. Es ist zwar eine späte Schlussweihe dieser wieder aufgebauten Kirche durch König Lothar an Pfingsten 1129 überliefert, man kann aber davon ausgehen, dass diese Kirche weitgehend im 11. Jahrhundert gebaut wurde. In diese Bauphase gehören auch drei Äbtissinnen-Grabplatten.

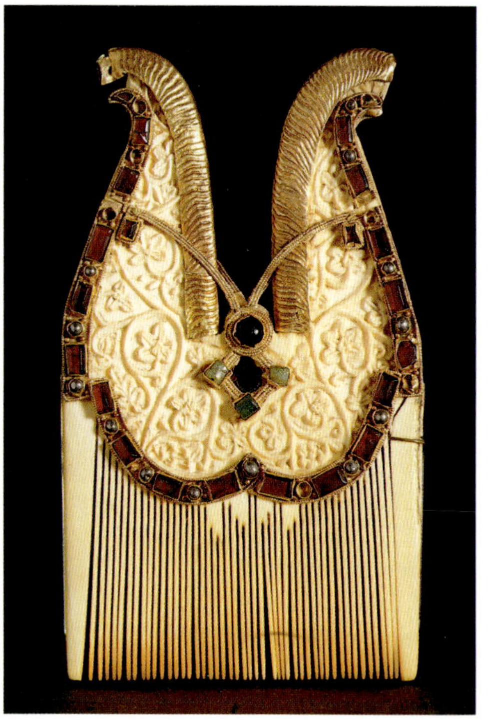

Das Innere der Stiftskirche

Heute besuchen die meisten Menschen die Stiftskirche St. Servatii, weil sie den Raumeindruck der Romanik suchen und den kunstvollen Kapitellschmuck der Säulen studieren. Diese Sichtweise war keineswegs schon immer so, auch wenn das Kircheninnere heute so vermeintlich ursprünglich aussieht. Hätte man aber den gleichen Raum im 16., 17. oder 18. Jahrhundert gesehen, hätte man ihn kaum wiedererkannt (Voigtländer 1989, 27).

Denn unter der Äbtissin Anna Sophie (1645–1680) wurde der Innenraum im Geschmack der damaligen Zeit aufwändig und mit viel Geld barockisiert, so dass von dem romanischen Raumeindruck nichts mehr übrig blieb. Diese Äbtissin ließ auch eine zweigliedrige Chorstufenanlage bauen (Voigtländer 1989, 27). Die romanische Kirche, wie man sie heute sieht, ist das Ergebnis von umfangreichen Restaurierungen und eines »Rückbaus« unter Ferdinand von Quast, dem preußischen Konservator der Kunstdenkmäler in den Jahren 1862 bis 1882 (Voigtländer 1989, 32–37).

Bis dahin interessierten sich die Besucher für ganz andere Dinge in der Kirche: Einmal für das vermeintliche Heinrichsgrab, das schon im 16. Jahrhundert viele Besucher angezogen hatte und nach dem sogar die Äbtissin Anna Amalie, eine Schwester Friedrichs II. von Preußen, (erfolglos) hatte suchen lassen. Vor allem aber interessierten sich bis zu Quasts Zeiten die Besucher für die Mumien. Insbesondere für die »leibhaftig schöne Gräfin Aurora von Königsmark, wohlerhalten, wenn auch etwas eingetrocknet« in der »Fürstengruft« (Voigtländer 1989, 31).

Nachdem unter Ferdinand von Quast der romanische Kirchenraum wieder zum Vorschein kam, erfolgte der nächste große Eingriff in den dreißiger Jahren des 20. Jahrhunderts. Deshalb sieht man heute von außen einen gotischen Chor – und blickt innen in einen romanischen. Im Jahr 1320 hatte man nämlich den gotische Polygonchor an Stelle der ursprünglich romanischen Apsis angebaut. Gotik aber schien den Nationalsozialisten nicht deutsch genug. Sie machten aus der Kirche eine politische Weihestätte und ließen dafür in den gotischen Chor von innen eine romanische Apsis einbauen. Auf Anordnung von Heinrich Himmler wurde das Gotteshaus außerdem leer geräumt und vor den Chor eine neue Treppenanlage gebaut. Nach 1945 wurde die Stiftskirche wieder restauriert.

Trotz der Veränderungen beeindruckt der Raum heute wieder mit seiner wohl proportionierten Klarheit. Der Raumeindruck geht auf die dreischiffige Basilika des 11. Jahrhunderts zurück und zeigt den »sächsischen Stützenwechsel« aus zwei Säulen und einem Pfeiler. Im Grundriss besteht das Mittelschiff aus drei Quadraten, deren Ecken jeweils durch Pfeiler betont sind. In jedem Quadrat nehmen die Pfeiler mit zwei Säulen eine Dreierarkade auf. Diese Anordnung korrespondiert im Obergaden mit jeweils zwei Rundbogenfenstern. Offenbar holten sich die kaiserlichen

Oben: Der »Quedel«, der legendäre Hund am Nordportal.

Linke Seite: Vom Mittelschiff der Stiftskirche gelangt man über Treppen in den höher gelegenen Chor. Von dort kommt man in zwei Räume, in denen der Kirchenschatz ausgestellt ist. Die Fotos links zeigen als Beispiele davon den so genannten Reliquienkasten Heinrichs I. aus dem Jahr 1230/40 mit vier Elfenbeintafeln aus dem 10. Jahrhundert und einer Apostelreihe (aus Walrosszahnreliefs) aus dem 11. Jahrhundert. Daneben der so genannte Kamm Heinrichs I., der in Syrien oder Ägypten entstand. Die Elfenbeinarbeiten wurden im 7./8. Jahrhundert angefertigt und die Goldmontierung im 9./10. Jahrhundert.

Die Krypta diente dem sächsischen Königshaus als Grablege. Das untere Bild zeigt die Grabreliefplatten der Äbtissinnen Adelheid I., Beatrix I. und Agnes von Meißen an der Südwand der Krypta.

Das kleine Bild zeigt die Confessio, die erst unter Ferdinand von Quast 1868 wieder entdeckt und frei gelegt wurde.

Äbtissinnen lombardische und byzantinische Fachleute, die die feinen pflanzlichen und tierischen Motive an den Würfelkapitellen und Kämpfern ausarbeiteten. Das von den ottonischen Königen bevorzugte Adlermotiv (s. Foto S. 49) kommt wohl aus dem arabischen Raum.

Der Domschatz

Wegen seines Wertes wird der Kirchenschatz der sächsischen Kaiser in der Stiftskirche St. Servatii auch Domschatz genannt. Eine Schatzkammer wurde um 1170 als gewölbter Raum auf vier Säulen im nördlichen Querhaus gebaut. Heute wird der Kirchenschatz sehr würdevoll in zwei abgedunkelten Schatzkammern präsentiert, die vom Hohen Chor der Kirche aus zugänglich sind. Zum Domschatz zählen feinste Goldschmiedearbeiten, Reliquiare, Schmuck und Bücher, wie das Evangeliar der Kaiserin Adelheid aus dem 10. Jahrhundert oder auch der Knüpfteppich der Äbtissin Agnes II. von Meißen aus dem 12. Jahrhundert.

Ein Teil des Domschatzes gelangte im Zweiten Weltkrieg auf abenteuerliche Weise nach Texas. Ein amerikanischer Offizier schickte 1945 zwölf der Kleinodien mit der Feldpost in die USA. Die als verschollen geltenden Teile konnten 1990 bei einem außergerichtlichen Vergleich zwischen der Bundesrepublik und dem Besitzer mit Hilfe der Kulturstiftung der Länder zurück gebracht werden. Seit dem 19. September 1993 werden die Kleinodien wieder in Quedlinburg gezeigt.

Die Krypta mit Confessio

Unter dem Chor befindet sich die romanische Krypta mit den Königsgräbern, deren Baugeschichte kompliziert und umstritten

ist. Wenn der originale Steinsarg der 968 gestorbenen Königin Mathilde noch erhalten ist – wann wurde dann die Krypta unter dem Chor gebaut? Zumindest ein Teil der Räume muss dann älter sein als die heutige dreischiffige Krypta, die mit ihrem Kreuzgratgewölbe und ihren acht Jochen zwischen 1070 und 1129 entstanden ist.

Die Krypta geht aus einer älteren Confessio hervor, die offenbar aber bald nach dem Tode der Königin Mathilde eingeebnet worden war. Diese Confessio entdeckte man erst 1868 während der Restaurierung und legte sie frei. Damals nahm man auch die Grabreliefplatten der Äbtissinnen vom Fußboden weg und stellte sie entlang der Wände auf. Von der Confessio kann man in die eigentliche Königsgruft blicken.

Dieser älteste Teil der Krypta, die Confessio, ist ein tiefer als die später gebaute Krypta liegender, ursprünglich überwölbter kleiner Raum in Form einer Apsis. Der kleine Kultraum wurde wahrscheinlich seit dem Jahr 955 (nach Ernst Schubert) aus dem Sandsteinfelsen heraus geschlagen und war spätestens bei der Grablegung der 73-jährigen Mathilde 968 so weit fertig, dass man sie dort beisetzen konnte. Man nimmt an, dass in den Wandnischen der Confessio, also nahe bei dem Grab der als Heilige verehrten Königin, weitere Reliquien deponiert wurden, weil man davon überzeugt war, dass von den Heiligen eine heilende Kraft ausging.

Die Krypta ist aber nicht nur baulich interessant. Denn hundert Jahre später (etwa 1170) wurden ihre Gewölbe bemalt. Diese fast 120 Quadratmeter messende Deckenmalerei wurde in den Jahren 1967–1969 sorgfältig konserviert, dokumentiert, aber nicht ergänzend übermalt. Die dargestellte alttestamentliche Geschichte von Susanna im Bade ist inhaltlich durchaus brisant. Eine rechtschaffene Frau wird beim Baden von zwei korrupten Richtern bedrängt, die vor Gericht die Geschichte umdrehen. Am Ende wird Susanna durch den weisen Richter Daniel gerettet – eine Allegorie für die Gerechtigkeit Gottes in einem königlichen Damenstift.

Die anspruchsvollen Konzerte in der Stiftskirche finden seit Jahren großen Anklang.

Literaturtipps:

Die komplizierte Baugeschichte der Stiftskirche wurde mit vielen Quellen und Befunden detailliert publiziert von Klaus Voigtländer: Die Stiftskirche St. Servatii zu Quedlinburg. Geschichte ihrer Restaurierung und Ausstattung. Berlin 1989.

Weiterhin: Friedemann Goßlau und Rosemarie Radecke: Die Stiftskirche zu Quedlinburg. Eine Führung durch den romanischen Sakralbau und den Domschatz. (Convent-Verlag Quedlinburg ohne Jahresangabe)

Vom Schwert zum Tortenmesser?

Pralles Leben versinnbildlichen die Puttos im Schlossgarten. Dort blühen Zierblumen, Lilien, Akanthus, Würz- und Heilkräuter wie in den alten Zeiten des Abteigartens.

Verwirrt ist wahrscheinlich jeder Besucher, wenn er zum ersten Mal auf den Schlossberg kommt: Zunächst geht man durch ein Tor hinein wie in eine befestigte Burg, dann steht man vor einer großen Stiftskirche – und fragt sich, wo die dazu gehörigen Gebäude wie Kapitelsaal und Kreuzgang geblieben sind – und steht dann unerwartet vor einem Renaissance-Schloss. Was ist es denn nun: Burgberg, Stiftsberg oder Schlossberg? Ganz einfach: Alles, aber nacheinander. Und weil die über Jahrhunderte veränderte Anlage zuletzt ein Schloss war, wird sie im heutigen Sprachgebrauch Schlossberg genannt.

Im frühen Mittelalter waren Kaiser- und Kirchenpolitik untrennbar miteinander verbunden, wie auch die Geschichte des Stifts gezeigt hat: Die ersten Quedlinburger Äbtissinnen waren Kaisertöchter, Kaiserwitwen oder Kaiserschwestern. Sie umgaben sich mit Macht und Reichtum. Deshalb musste ihr Aufenthaltsort hier oben entsprechend abgesichert werden. Das Stift war eine Welt für sich, in sozialer, juristischer und militärischer Hinsicht. Den Unterschied zwischen dem Leben auf dem Berg und dem Leben im Tal kann man sich kaum krass genug vorstellen. Wenn man heute durch den Chor der Stiftskirche schlendert oder die kostbaren Stoffe, Bücher und Gefäße des Kirchenschatzes aus nächster Nähe betrachtet, vergisst man schnell, dass man sich in einem elitären Raumteil befindet, den im Mittelalter nur wenige Adelige überhaupt von innen zu Gesicht bekamen.

Bis in die Zeit der Staufer bleibt der Schlossberg ein kaiserlicher Ort, weil das Herrscherhaus dort Besitz und dadurch auch – im Austausch mit den Quedlinburger Bauern und Kaufleuten – Einkünfte erzielt und nicht zuletzt natürlich, weil man die gute alte Tradition der Königs- und Kaiserbesuche auf dem Stiftsberg pflegt. Allmählich aber verlagert sich das Zentrum der Politik wieder nach Südwesten, und das Stift wird für die Reichspolitik immer

An der Südseite des 50 Meter langen und elf Meter breiten Renaissance-Schlosses steht der Treppenturm von 1557/59, der den Zugang zu den Etagen ermöglichte. Er ist im Grundriss quadratisch, geht dann in ein Achteck über und schließt im obersten Geschoss in Fachwerk ab. Der Helm zeigt barocke Formen. (Voigtländer 1989, 19, Anm. 32)

Der so genannte Raubgrafenkasten gehört zu den bekannten Exponaten im Schlossmuseum. Mit dem 2,5 Tonnen schweren Kasten aus Fichtenholz verbindet sich eine Legende. Demnach soll darin während der Fehde der Stadt 1336/37 mit dem Grafen Albrecht II. von Regenstein jener darin gefangen gehalten worden sein.

Das Klavierzimmer. Wenige Jahre vor der Auflösung des Stifts im Jahr 1803 erhielten der Audienzsaal der Äbtissin und die anschließenden Wohnzimmer noch eine klassizistische Ausstattung mit einem sternförmig verlegten Parkett-Fußboden.

Seit 1928 unterhält das Stadtmuseum von Quedlinburg die Räumlichkeiten des ehemaligen Schlosses.

Die harmonisch ausgestatteten Schlossräume mit prachtvollen Tapeten, mit Parkett und Stuckdecken vermitteln einen Eindruck vom Leben im Quedlinburger Schloss kurz vor der Auflösung des Stifts 1803.

unwichtiger. Kurz: Es verliert die politische Bedeutung, die es unter den Ottonen hatte. Außerdem werden befestigte Anlagen wie diese durch neue Waffentechniken sinnlos, so dass man dem Stift den als altmodisch empfundenen Festungscharakter nimmt und es komfortabler und der Mode der Zeit entsprechend umbaut. Aus dem Stift wird seit dem 16. Jahrhundert ein dreiflügeliges Schloss. Das hat zur Folge, dass die romanischen Stiftsgebäude durch das Renaissance-Schloss überbaut werden und optisch in den Kellern und unter den neuen Fassaden verschwinden. Der Nordtrakt des Stifts, der wegen des Geländeabfalls isoliert vom Westtrakt stand, wird etwa die Fläche des heutigen Schlosses eingenommen haben. (Voigtländer 1989, 18).

Um im Obergeschoss wohnlichere Räume für die Äbtissin zu schaffen, fügte man in den Jahren 1584 bis 1601 an der Nordseite einen zweigeschossigen, verputzten Fachwerk-Anbau hinzu. Die Ausstattung wurde mehrfach modernisiert, zuletzt im 18. Jahrhundert durch eine klassizistische Umgestaltung (Voigtländer 1989, 19–20). Nicht mehr viel erinnerte im Alltag der Stiftsdamen an den geistlichen Ursprung. Man residierte eben in einem Schloss. Der Schriftsteller Werner Bergengruen (1892–1964) fand für diesen Wandel ein literarisch zugespitztes Bild: »Durch eine Äbtissin aus dem kursächsischen Hause waren die beiden gekreuzten Schwerter ins Quedlinburger Stiftswappen geraten; höchst symbolisch haben sie sich unter den Händen der Damen mit der Zeit in zwei Tortenmesser umgewandelt.«

Das Ende des Schlosses

1803 geschieht etwas Schockierendes mit weit reichenden Folgen. Man nennt es lapidar die Säkularisation. Auf politischen Beschluss hin wird das Stift – wie viele andere Klöster und Stifte – 1803 aufgelöst. König Jerôme von Westfalen lässt das kostbare Inventar versteigern, weil er Geld braucht. Quedlinburg fällt an Preußen. Als heutiger Museums- und Schatzkammerbesucher kann man angesichts dessen, was diesen Ausverkauf überstanden hat, die frühere höfische Kultur und Kunstfertigkeit nur noch erahnen.

Seit mehr als 200 Jahren wird das ehemalige Stift, spätere Schloss und heutige Schlossmuseum (seit 1928) für weltliche Zwecke genutzt. In den 1840er Jahren residierte noch Friedrich Wilhelm IV. von Preußen während der Herbstjagden in den Prachträumen des Nordtraktes. Während der Restaurierung der Kirche unter Ferdinand von Quast wurden in den Schlossräumen die Orgel, der Barockaltar und die Emporenbrüstung zwischengelagert. Von Quast glaubte noch 1858 an eine Wiederherstellung des Schlosses, aber dazu kam es nicht mehr. Rückblickend ist seit 1803 die rund 850 Jahre währende Geschichte des Reichsunmittelbaren Kaiserlichen Freiweltlichen Damenstifts beendet.

St. Wiperti – Stift, Kloster, Scheune, Pfarrkirche

Wo der Aufstieg der Stadt begann

Das Münzenbergportal. Im Zuge der Restaurierung der Wipertikirche wurde 1956 das vom Marienkloster auf dem Münzenberg stammende Marienportal (von 1230) hier eingebaut. Im Tympanon thront in der Mitte die Gottesmutter Maria mit dem Jesuskind. Mutter und Kind werden von zwei knienden Gestalten, vermutlich den Stifterinnen, angebetet.

Heute ist die ehemalige Klosterkirche St. Wiperti ein idyllischer, friedlicher Ort. Sie liegt außerhalb der Altstadt, etwa 500 Meter südwestlich des Schlossberges in einem bewaldeten sowie von Feldern und Wiesen bestimmten Fleckchen Natur. Der Wiperti-Friedhof mit Familiengrüften und Gräbern lässt Stadtgeschichte lebendig werden, dort liest man die Lebensdaten vieler Bürger.

Vor mehr als tausend Jahren sah es hier völlig anders aus. Denn hier dehnten sich die Gebäude des Königshofes (curtis regia) der Liudolfinger aus, die später Ottonen genannt wurden. Das immerhin kann man sagen, auch wenn man nicht genau weiß, wie die Gesamtanlage aussah, denn sie durchlebte eine wechselvolle Geschichte. Aus dem Königshof bzw. der Pfalz entstand im 12. Jahrhundert ein Stift, das 1336 stark beschädigt und 1525 schließlich zerstört wurde. Übrig geblieben ist eine Kirche mit einer der ältesten Krypten. Immerhin so viel ist bekannt: In dieser Umgebung begann zu Füßen des befestigten Berges der Aufstieg Quedlinburgs unter Heinrich I.

Vom Hofgut zur Pfalz

An der Stelle des späteren Stiftsgeländes besaß die mächtige Adelsfamilie der Liudolfinger zu Zeiten Heinrichs I. seit einer Generation ein Hofgut. Dort hielten sie sich auf und wurden standesgemäß untergebracht, wenn sie durch ihr Land reisten. Mit Heinrichs Krönung stieg dieses Hofgut 919 zu einem königlichen Aufenthaltsort auf und wurde entsprechend ausgestattet.

Heinrichs Vater, der sächsische Herzog Otto der Erlauchte (um 836–912), stand dem damals sehr mächtigen und an Ländereien reichen Kloster Hersfeld von 901 bis 911 als Laienabt vor. Den hiesigen Besitz erwarb er als Hausgut, indem er dem Kloster dafür im Tausch ein anderes Stück Land gab. Das Kloster Hersfeld wiederum war durch eine Schenkung in den Besitz des Ortes gekommen. Schriftlich ist überliefert, dass Hersfeld im 9. Jahrhundert hier

Die ehemalige Klosterkirche St. Wiperti liegt im Tal, an der Straße nach Weddersleben und Timmenrode, etwa 500 Meter südwestlich des landschaftsbeherrschenden Schlossberges mit der Doppelturmfront der Stiftskirche St. Servatii.

Das Foto auf der rechten Seite zeigt den Innenraum der dreischiffigen Basilika St. Wiperti nach Osten, Richtung Altar und und Krypta.

eine Pfarrkirche mit Reliquien des Klosterpatrons Wigbert (Wipert) besaß. Von dieser Kirche gibt es keine Spur, da Ottos Sohn Heinrich sie abreißen und durch eine neue Saalkirche ersetzen sollte.

Wegen der im 10. Jahrhundert drohenden Gefahr der Überfälle durch die berittenen Truppen der Ungarn ließ Heinrich I. zum Schutz der Bevölkerung viele Burgen ausbauen. Im Zuge dieser Maßnahmen befestigte er auch den nahe seinem Hausgut liegenden Burgberg stärker. Die Burg und die im Tal liegende Hofanlage ergänzten sich unter Heinrich I. als zwei strategisch und versorgungstechnisch wichtige Stützpunkte. In den Urkunden wird die Burg 936 als »urbs supra montem constructam« und 964 als »castellum« beschrieben. Das mit der Krönung Heinrichs 919 vom Hausgut zum Königshof aufgestiegene Anwesen im Tal wird gemeinsam mit anderen Adelshöfen als »suburbium« bezeichnet (Festschrift 1994, 17).

Heinrich errichtete an Stelle der alten Pfarrkirche aus dem 9. Jahrhundert eine repräsentative Saalkirche, die neben dem heiligen Wigbert nun auch den heiligen Jakob zum Patron hatte. Die Fundamente dieser ersten baulich nachweisbaren Kirche (Bau I) wurden 1955 unter der heutigen Kirche ergraben und dokumentiert.

Nicht diese, sondern die Kirche oben auf dem Berg bestimmte Heinrich I. als Grablege für sich und seine Frau Mathilde. Damit wird die bevorzugte Stellung Quedlinburgs zu beider Lebzeiten deutlich. Die herausragende Bedeutung stieg, als die Königswitwe Mathilde (s. Seite 48 ff.) den Burgberg nach dem Tod ihres Mannes 936 zum Damenstift erhebt, dem sie persönlich vorstand, ohne dass sie selbst zur Äbtissin geweiht wurde. Die enge Verflechtung zwischen Stift und Kaiserhaus machte den Stiftsberg in den folgenden Generationen zu einem Zentrum der Reichspolitik.

Heinrichs und Mathildes Sohn, der spätere Kaiser Otto I. (Regierungszeit als König 936–973), ließ offenbar den Königshof im Tal gleich nach dem Tod seines Vaters zu einer Pfalz ausbauen. Die Saalkirche seines Vaters erweiterte er zu einer größeren, dreischiffigen Basilika (Bau II) mit Querhaus und einem Westbau, die auch archäologisch nachgewiesen wurde. Von dieser Kirche stehen noch die Umfassungsmauern des Sanktuariums in Höhe der späteren Krypta. Das Pfalzstift ist mit einer Gemeinschaft von mindestens zwölf Geistlichen (Kanonikern), die täglich Gottesdienste feierten, zwar erst 961 urkundlich belegt, bestand aber mit Sicherheit schon vorher. Kraft dieser Urkunde von 961 übertrug

Wo sich heute der alte Friedhof, wilde Wiesen und Wäldchen im Schatten der Wipertikirche ausdehnen, standen irgendwo die Gebäude des ottonischen Königshofs. Doch die mittelalterliche Besiedlung war nicht die älteste. Östlich der Krypta fand man Steinsärge aus der Völkerwanderungszeit. Im Sommer 1908 wurden Ausgrabungen durchgeführt, deren Ergebnisse A. Zeller 1916 veröffentlichte (Die Kirchenbauten Heinrichs I. und der Ottonen in Quedlinburg, Gernrode, Frose und Gandersheim. Berlin 1916). Das Gelände war schon länger als tausend Jahre vor Christi Geburt besiedelt. Darauf verweisen Keramikfunde aus der jüngeren Stein- und Bronzezeit.

Otto I. das Pfalzstift der Äbtissin des Damenstifts St. Servatii (nach Leopold 1995). Spätestens im Jahr 1000 hatte sich aus der königlichen Hofanlage eine Pfalz entwickelt. Kaiser Otto III. verbrachte das Osterfest des Jahres 1000 in Quedlinburg und residierte hier im Tal mit seinem gesamten Hofstaat eine Woche lang. Bald nach 1000 wurde auch die oben abgebildete kleine Krypta eingebaut.

Die ottonische Kirche (Bau II) bestand bis Mitte des 12. Jahrhunderts. Dann ließ der Erzbischof Norbert von Magdeburg, der 1129 den Orden der Prämonstratenser gegründet hatte, viele bestehende Stifte und Klöster von Prämonstratensern besetzen. So mussten auch die Quedlinburger Kanoniker 1149 weichen. Die Prämonstratenser übernahmen von dem ottonischen Bau nur das Sanktuarium mit der Krypta, an das sie nördlich eine zweistöckige gewölbte Sakristei anbauten. Sie ersetzten das ottonische Langhaus und schufen einen zweitürmigen Westbau (Bau III). Bald nach 1300 wurde schließlich ein hochgotischer Chor angefügt (Bau IV).

Der Rest der Geschichte ist leider schnell erzählt. Die Grafen von Regenstein benutzten das Kloster im 14. Jahrhundert als befestigten Stützpunkt gegen die Quedlinburger Bürger. Nachdem die Bürger aber Graf Albrecht II. von Regenstein 1336 besiegt hatten (s. S. 56), verwüsteten sie voller Empörung das Wiperti-Kloster. Kaum zwei Jahrhunderte später vertrieben aufgebrachte Bauern im Bauernkrieg 1525 die Stiftsherren, und die Kirche wurde evangelisch. Nach der Säkularisation und der Auflösung des Stifts wurde die Kirche auf Abbruch verkauft und mehr als 120 Jahre als Scheune genutzt. Erst in den 1950er Jahren konnte sie saniert werden. Seit der Wiedereinweihung 1959 wird sie als katholische Pfarrkirche genutzt.

Die Krypta unter dem Chor geht auf ottonische Zeit zurück, vermutlich auf das erste Viertel des 11. Jahrhunderts. Das Tonnengewölbe wird von Pfeilern und Säulen getragen, von denen einige Teile noch älter sind und offenbar als Spolien hierher gebracht und zweitverwendet wurden. Nach der Säkularisation wurde die Krypta als Milchkammer genutzt. 1955 bis 1957 ließ die katholische Gemeinde St. Mathilde die Kirche und die Krypta durch das damalige Institut für Denkmalpflege Halle wiederherstellen und restaurieren.

Die Baugeschichte wurde besonders von Gerhard Leopold untersucht und publiziert. Zusammengefasst hat er sie 1995 in einem Kunststättenheft, das auch in der Kirche zum Kauf ausliegt.

Das Fachwerkmuseum im Ständerbau

Ganze oder Halbe Männer?

Im Fachwerkmuseum erfährt man unter anderem, dass eine solche Fachwerkkonstruktion aus senkrechtem Ständer und diagonalen Streben als »Mann« bezeichnet wird.

Quedlinburg ist mit seinen rund 1300 Fachwerkhäusern ein einzigartiges Flächendenkmal, in dem man ganze Straßenzüge, Plätze und Innenhöfe in einer großartigen und faszinierenden Geschlossenheit erleben kann. Etwa 80 Prozent aller Häuser lassen sich zu gleichen Teilen in das 17. und 18. Jahrhundert datieren, so dass man im Quedlinburger Stadtbild die Entwicklung des Fachwerks seit dem Dreißigjährigen Krieg (1618–1648) über mehrere Generationen lückenlos beobachten kann. Bestens dokumentiert wurden sie von Hans-Hartmut Schauer in seinen Fachpublikationen. Wer nicht erst lesen, sondern gleich vor Ort in die Geheimnisse der Fachwerkkonstruktion und der handgeschnitzten Motive an den Häusern einsteigen will, dem sei auf seinem Stadtspaziergang das kleine und sehr informationsreiche Fachwerkmuseum im Ständerbau (vgl. Fotos auf diesen Seiten) empfohlen. In der Wordgasse 3, südwestlich des Marktplatzes, findet man Antworten auf Fragen rund um das Thema Fachwerkentwicklung. Dort erfährt man, wie man erkennen kann, wie alt ein Fachwerkhaus ist, oder was ein Halber, ein Wilder und ein Ganzer Mann ist. In diesem Museum wird auch das Rätsel um die Straßennamen Wordgasse und Word gelüftet, die nichts mit Wortreichtum zu tun haben.

Was ist eine Word?

Ein Word – deutsch, mit »o« ausgesprochen – bezeichnet einen erhöhten Platz, den man dem Wasser abgerungen hat. In der Stadt Quedlinburg begrenzt der Verlauf der Wordgasse stadtseitig ein vormals sumpfiges Gelände zwischen dem Marktplatz und den ungeregelten Flussläufen der Bode. Im 14. Jahrhundert wurde die Word bebaut und in die Stadtmauern einbezogen. Dem Schwemmland der Bode verdanken die Quedlinburger den überaus fruchtbaren Boden, der, natürlich gepaart mit viel Arbeit, solch reichliche Kornernten bescherte, dass die Bürger aus den Überschüssen Schnaps brannten und damit ihre Einkünfte steigerten – oder auch nicht. Bei 6000 Einwohnern hatte die Stadt um 1600 immerhin 100 Schnapsbrennereien – auch das lernt man im Fachwerkmuseum.

Der Ständerbau in der Wordgasse 3 galt bis 2003 als Quedlinburgs ältestes Haus. (Seitdem ist es das ältere Haus Hölle 11.) Er ist wahrscheinlich in der ersten Hälfte des 14. Jahrhunderts als Geschossbau errichtet worden, könnte aber auch aus dem 15. Jahrhundet stammen. Auf der steinernen Sockelmauer erheben sich senkrechte Ständer, die bis unter die Traufe reichen. Die Sockelmauer verhindert, dass Feuchtigkeit aus dem Boden nach oben in das Fachwerk dringt. Das Gebäude wurde bis 1965 bewohnt. 1966 bis 1969 wurde es rekonstruiert. Seit 1976 beherbergt es als Teil der Städtischen Museen Quedlinburg das Fachwerkmuseum.

Reine Ständerbauten bestehen meist, wie hier, aus zwei Geschossen und dienten vor allem als Speicher. Ständerbauten waren bis ins 18. Jahrhundert hinein üblich. Als ein Merkmal für sehr frühes Fachwerk gelten die Zapfenschlösser, bei denen die Zapfen der Deckenbalken von außen mit Pflöcken gesichert werden. (nach Schauer 1990)

Im Innenhof des Fachwerkmuseums zeigt eine Wand unterschiedliche Zustände und verschiedene Techniken, mit denen man die Gefache schließt, etwa mit Backstein oder mit Staken und Lehm (s. rechte Seite). Im Museum werden Baudetails wie Rosetten und traditionelle Werkzeuge von Zimmerleuten aufbewahrt.

Das mittelalterliche Fertighaus

Das ganze Mittelalter hindurch war das Bild deutscher Städte überwiegend vom Fachwerkbau bestimmt. Was meint man mit Fachwerk? Im Unterschied zu einem Steinhaus ist das Fachwerkhaus nicht massiv (aus Naturstein oder Backsteinen) aufgemauert. Stattdessen wird vor Baubeginn eine Rahmenkonstruktion aus Holz entworfen und hergestellt. Die Räume zwischen den Hölzern, die so genannten Gefache der Wände – Wände im Unterschied zu Mauern – werden mit anderen Materialien ausgefüllt (ausgefacht).

Was man für den Bau von Fachwerkhäusern brauchte, war in den hiesigen Regionen vorhanden, reichlich Wald für das nachwachsende Naturmaterial Holz. Die Bürger bezogen das Bauholz, meist Tannen oder Fichten, aus den stadteigenen Wäldern. Während sich an den Konstruktionsprinzipien, den Werkzeugen und der Bauweise in den Jahrhunderten kaum etwas änderte, unterlag die Dekoration der Häuser, der Bauschmuck, der Zeit und Mode. Landschaftliche Besonderheiten, örtliche und alltagspraktische Erfordernisse brachten im Laufe der Zeit unterschiedliche Detaillösungen und Schmuckformen hervor. Man unterscheidet zwischen alemannischem, fränkischem und niedersächsischem Fachwerk. Letzteres kennzeichnet das Fachwerk im Harzvorland. Bis sie im Zweiten Weltkrieg im Feuer untergingen, waren Fachwerkstädte wie Braunschweig, Hildesheim, Halberstadt, Goslar, Salzwedel und Osterwieck für ihre großartigen Stadtbilder aus niedersächsischem Fachwerk bekannt. Heute ist einzig die als UNESCO-Welterbe geschützte Altstadt von Quedlinburg mit ihren 1300 Fachwerkhäusern erhalten.

Handwerker mit Tradition: der Zimmermann

In mittelalterlichen Büchern sind oft Darstellungen von Zimmermännern bei ihrer Arbeit überliefert. Sie bestätigen, dass sich ihre Werkzeuge vom frühen Mittelalter bis ins 19. Jahrhundert kaum geändert haben. Jeder Geselle hatte die wichtigsten Zimmermannswerkzeuge selbst zu stellen und auf der Wanderschaft in gutem Zustand in seinem Bündel mit sich zu führen. Zu diesem Bundgeschirr gehörten: ein Winkel-

Verschachtelte Dachlandschaften aus unterschiedlichen Zeiten und in verschiedenen Höhen sind Details, die den Reiz dieser Stadt ausmachen. Das Foto zeigt den Blick vom Innenhof des Fachwerkmuseums auf das Dach von St. Blasii.

Im Innenhof des Fachwerkmuseums kann man sehen, wie eine Fachwerkwand aufgebaut wird. Fachwerk besteht aus natürlichen Materialien. Ein Holzgerüst bildet die tragende Konstruktion. Die häufigste Art der Gefachfüllung ist die Ausstakung: Dabei werden zwischen die Horizontalhölzer des Gerüsts in Löcher oder Nuten Holzstöcke (oft Eichenspalthölzer) gesetzt, um die ein Geflecht aus Weidenruten gewunden wird. Dieses Gewebe aus Ästen wird mit strohvermengtem Lehm beworfen und anschließend geglättet. Alle Wandfelder wurden in der Frühzeit des Fachwerkbaus von innen und von außen dünn verputzt und gekalkt. Die Hölzer ließ man im Innenraum und Außen sichtbar.

Häuser in der Wordgasse, links und rechts der befestigten Bode. Das vormals sumpfige Gelände legte man im 14. Jahrhundert trocken, um es zu bebauen und in die Stadtmauern einzubeziehen. Das Foto oben links zeigt den Wordspeicher mit einem typischen Lastenaufzug mit Ladeluke, der über drei Geschosse führt. Bei dem großen Stadtbrand von 1676 wurde auch der Wordspeicher stark beschädigt, danach aber wieder aufgebaut. Die Brandspuren sind noch am Gebäude ablesbar. In den Jahren 1998 bis 2000 hat man den Wordspeicher saniert und ihn mit Museum und Café öffentlich zugänglich gemacht. – Die Modelle im Fachwerkmuseum veranschaulichen die Kontruktionsweisen und die Aufteilungen der Quedlinburger Häuser.

eisen, ein Bundbeil, ein Stemmeisen mit Holzklöpfel und ein Drexel (Quer- und Zwerchaxt). Vom Zimmermeister waren ihm die anderen Werkzeuge vor Ort zur Verfügung zu stellen. Dazu gehören: Spalt- und Bundsäge, Rahmensäge, Schrotsäge, Zimmeraxt, Breitbeil, Löffel- und später Spiralbohrer, Setzwaage, Lot, Schnur mit Haspel und Farbkasten, Stechzirkel, Eisenklammern und Holzböcke (Binding 1989, 12).

Alle Arbeiten für den Hausbau wurden auf dem Zimmerplatz, der Zulage, ausgeführt. Dort setzte man die fertigen Holzteile zusammen, markierte sie mit Abbundzeichen (als römische Zahlen, die man in Quedlinburg noch oft auf den Balken sehen kann) und nahm die gekennzeichneten Holzteile dann wieder auseinander. Zum vereinbarten Zeitpunkt wurden alle Teile auf die Baustelle gefahren und dort in wenigen Tagen mit Hilfskräften – oder in Nachbarschaftshilfe – gerichtet und aufgeschlagen. Alle Verbindungen bestanden aus Holz und Holznägeln. Nur für sehr wenige Stellen, etwa für Fußböden oder Sparren, benutzte man geschmiedete Nägel (Binding 1989, 9/10). Das mittelalterliche Fachwerkhaus ist somit nicht nur ein Fertighaus, sondern ein Ökohaus.

Eine im frühen Mittelalter aufstrebende Stadt wie Quedlinburg hatte über mehrere Generationen hinweg einen hohen Bedarf an Häusern und war auf gute Handwerker angewiesen. Deshalb bemühte sich die Stadt um Anreize für wichtige Handwerker wie die unentbehrlichen Zimmermänner. Man stellte ihnen beispielsweise die Freiheit in Aussicht, wenn sie nach einem einjährigen Stadtaufenthalt das Bürgerrecht erwerben konnten.

Schon sehr bald entwickelte sich der Berufsstand der Zimmermänner, die sich in Zünften nach sehr strengen Regeln organisierten. Seit dem 14. Jahrhundert wurde eine dreijährige Lehrzeit verpflichtend. Doch eine Lehrstelle als Zimmermann konnte nur bekommen, wer den Nachweis erbrachte, ehelich und frei geboren zu sein, und seit dem Westfälischen Frieden musste man auch der christlichen Glaubensgemeinschaft angehören. Nach der dreijährigen Lehre war die Ausbildung noch nicht zu Ende, denn erst musste der Zimmermannsgeselle zwei Jahre auf Wanderschaft gehen und bei verschiedenen fremden Meistern arbeiten, die ihm durch die örtliche Zunft vermittelt wurden.

Fachwerk ist ein raffiniertes Stecksystem, das die Zimmerleute beherrschen. Deshalb lassen sich alte Häuser heute mit handwerklicher Erfahrung unter Wahrung von möglichst viel Originalsubstanz gut reparieren. Die geschädigten Holzteile werden einfach ausgetauscht.

Die Zünfte regelten auch die Arbeitszeiten, die vom jahreszeitlichen Wechsel von Sonnenauf- und Sonnenuntergang bestimmt waren. Normalerweise fingen die Zimmerleute um fünf Uhr an, im Winter später, und der Arbeitstag endete bei Einbruch der Dunkelheit, gegen 19 Uhr. Für die drei Mahlzeiten, Morgensuppe, Mittagsmahl und Vesperbrot, gab es längere Pausenzeiten, so dass man von einem Arbeitstag von etwa zehn bis zwölf Stunden ausgehen kann (Binding 1989,14).

Zimmerleute prägten die Fachwerkstadt wie kein anderer Berufsstand. Sie waren die Architekten des Mittelalters. Deshalb hinterließen sie ihre Namen auf ihren Werken, den Häusern ihrer Bauherren – so können wir sie datieren. (s. S. 80).

Niedersächsisches Fachwerk

Wer Fachwerkstädte in Bayern oder Franken mit den Quedlinburger Häusern vergleicht, sieht die Verschiedenheit. Was aber macht den Unterschied aus? Um ihn zu beschreiben, muss man auf veraltet klingende, aber unumgängliche Bezeichnungen zurückgreifen, die aus einer Zeit rühren, als die Grenzen in den deutschen Ländern anders verliefen.

Niedersächsisches Fachwerk

Stilistisch unterscheidet man zunächst zwischen drei Kunstlandschaften im Fachwerkbau, nämlich dem

alemannischen (= oberdeutschen),
fränkischen (= mitteldeutschen) und dem
niedersächsischen (= niederdeutschen)

Fachwerk. Das niedersächsische Fachwerk findet man in der Landschaft, die im Mittelalter zum Herzogtum Sachsen gehörte. Sie wird im Westen begrenzt von der Ems und dem Niederrhein, im Norden von Nord- und Ostsee, im Osten von Elbe und Saale, und im Süden von Ruhr, Eder und Unstrut. Anders ausgedrückt, findet man niedersächsisches Fachwerk in den heutigen Bundesländern Schleswig-Holstein, in Nordrhein-Westfalen, in Niedersachsen, Mecklenburg-Vorpommern und Sachsen-Anhalt mit Quedlinburg.

In Quedlinburg findet man Häuser im niedersächsischen Fachwerkstil von der Spätgotik – wie den Ständerbau in der Wordgasse 3 (s. S. 64 f.) – bis ins 19. Jahrhundert. Sie haben mehrere Merkmale gemeinsam: Über einem niedrigen Steinsockel liegt die Grundschwelle, auf der die eingezapften Ständer relativ nahe beieinander stehen. Die Gefache sind ungefähr doppelt so hoch wie breit und bilden somit Hochrechtecke. Typisch ist auch das zum Teil starke Vorkragen der oberen Stockwerke, das viele Möglichkeiten zum plastischen Verzieren der Holzbalken bietet.

Warum aber kragen die Stockwerke nach oben hin immer weiter vor? Dafür gibt es mehrere Erklärungen, die vermutlich alle gemeinsam zutreffen. Neben konstruktiven gibt es praktische Gründe, wie

Fachwerk ist eine jahrhundertealte Konstruktionsweise aus Naturmaterialien, die bei richtiger Nutzung genauso langlebig wie Steingebäude ist und überdies weniger aufwändig von Zimmerleuten repariert werden kann, weil man nur die kaputten Teile austauschen muss. Das Besondere an der Entwicklung der Fachwerkhäuser in Quedlinburg ist überdies die große Anpassungsfähigkeit eines Gebäudetyps an neue Bauaufgaben. Sozialökonomische Unterschiede zeigen sich nur in der Gebäudelänge, der Stockwerksanzahl, der Tordurchfahrt, dem Zwerchhaus und der Erkergestaltung (nach Schauer 1999, 50).

etwa, dass man den unteren Bereich der Hausfassade besser gegen die Witterung zu schützen suchte, oder einfach deshalb, weil man oben mehr Raum zu gewinnen suchte. Daneben können es gestalterische Motive gewesen sein, denn das Vorkragen der Wand bietet viele Möglichkeiten für geschnitzte Zierformen wie Schiffskehlen oder Wülste. Außerdem entsteht auf einer plastisch durchgestalteten Fassade eher ein bewegtes Spiel aus Licht und Schatten. Für die optischen Gründe spricht, dass man bei den Hofseiten normalerweise auf das starke Vorkragen verzichtete (vgl. Schauer 1990).

Die Quedlinburger Fachwerkhäuser sind durchschnittlich etwa acht bis zehn Meter tief. Da bei den üblichen Balkendimensionen eine Stützenweite von vier bis fünf Metern günstig ist, werden die Häuser in der Mitte durch einen Unterzug gestützt. In Quedlinburg verbaute man überwiegend Tannen- und Fichtenholz aus den stadteigenen Wäldern im Norden (Steinholz bei Marsleben), Osten (Ditfurter Holz) und Süden (Ramberg). Eichenholz wurde sehr selten, meist nur für Schwellen verwendet (nach Schauer 1999, 40).

Die Dachwerke der Häuser sind in Quedlinburg als Sparrendächer ausgeführt, und die Dächer wurden ursprünglich mit Stroh oder Holzschindeln gedeckt. Erst seit dem 17. Jahrhundert verwendete man hier Dachziegel und baute massive Brandmauern zwischen die Häuser.

Rückblickend scheint es interessant, dass dem reizvollen alten Stadtbild Quedlinburgs keine Bauordnung zugrunde lag. Offenbar haben sich die bürgerlichen Auftraggeber im allgemeinen dem bestehenden Straßenbild untergeordnet. Es gab im 17. und 18. Jahrhundert in Quedlinburg keine strengen Verordnungen für die Gestaltung der Fachwerkhäuser. Nirgends waren entscheidende Details festgeschrieben, um die man heute bei Neubauten streitet, wie die Gebäudehöhe, die Fassadengestaltung oder die Dachform. Einzig die Bauvorschriften für den Brandschutz mussten damals eingehalten werden. Das Bauen in der Stadt wurde im Mittelalter von zwei ehrenamtlich tätigen Baumeis-

Die Ständer stehen beim niedersächsischen Fachwerk relativ dicht beieinander und bilden meist hochrechteckige Gefachfelder (Bilder links und oben). In der späteren Entwicklung kragen die oberen Geschosse immer weiter vor und werden mit phantasievollen Figuren geschmückt (kleines Bild oben).

tern kontrolliert, die zwei Jahre im Amt blieben und bei städtischen Bauaufgaben auch für die Lohnzahlungen an die Bauarbeiter verantwortlich waren.

Die Diele als Herzstück

Typisch für die Quedlinburger Häuser ist ferner die Raumaufteilung, die sich üblicherweise um eine große Diele entwickelt. Anders als heute waren im Mittelalter die Fassadengestaltung eines Hauses und die Innenaufteilung untrennbar miteinander verbunden. Einer alten Fassade kann man die Raumfolge ansehen, da sich aus der Konstruktion eine innere Notwendigkeit der Formen ergibt. Von der Diele gelangt man nach hinten in den Hof, oft mit hofseitigen Flügelbauten. Auf der einen Seite der Diele liegt straßenseitig die Wohnstube, auf der anderen Seite befinden sich die Geschäfts-, Arbeits- und Lagerräume. Die Treppen liegen nicht auf der Straßenseite, die der Stube vorbehalten ist, sondern meist an der Hofseite. Im Barock entwickelten sich prachtvolle Treppenhäuser (wie im Salfeldtschen Palais, s. S. 28), oft mit gedrechselten oder reich beschnitzten Säulen in der Mitte der Diele.

Die Grundrisse der Bürger- und Handwerkerhäuser passten sich im Laufe der Jahrhunderte an landwirtschaftliche oder gewerbliche Nutzungen an. Normalerweise stehen die Quedlinburger Häuser mit der Traufe zur Straße und werden quer erschlossen. Der Eingang befindet sich in der Mitte oder seitlich versetzt. Er führt in einen Flur oder über eine breite Toreinfahrt in eine gepflasterte Diele, von der man in einen Innenhof gelangt. Von der Diele erreicht man über Treppen die oberen Stockwerke. Die hofseitigen Seitenflügel wurden bewohnt oder als Werkstätten und Lager genutzt.

Die Fenster werden im Mittelalter je nach Wunsch ihrer Anzahl zwischen die regelmäßig aufgereihten Ständer gesetzt und außen bündig eingebaut. Es gibt also normalerweise keine Fensterbänke, und bis ins 19. Jahrhundert hinein wurden Fenster nach außen geöffnet. In Quedlinburg sind sogar noch Barockfenster aus dem späten 18. Jahrhundert erhalten. Sie bestehen aus zwei Fensterflügeln mit je zwei Scheiben. Das Dach diente üblicherweise als Lager- und Trockenraum über mehreren Zwischenböden.

Allein die Vielfalt des Fachwerks und sein Phantasie- und Schmuckreichtum zeigen, dass Fachwerk gegenüber dem Steinbau nicht die minderwertigere, ärmere Bauweise ist, wie manchmal formuliert wurde, sondern einfach eine andere Art zu bauen. Fachwerk ist eine landschaftsabhängige, langlebige Bauweise, die durch das flexible Stecksystem aus Hölzern erlaubt, Häuser später noch nach neuen Erfordernissen zu erweitern, aufzustocken oder marode Bauteile mit relativ geringem Aufwand zu ersetzen. Die Holzbalken reagieren elastisch auf Feuchtigkeit, Temperatur und Wind. Wände aus natürlichen Baustoffen wie Stroh, Kalk und Lehm atmen und sorgen für ein angenehmes Raumklima. Bei richtiger Nutzung halten Fachwerkhäuser viele Generationen lang.

Typisch für Quedlinburg

Was aber ist das Spezifische am Quedlinburger Fachwerk gegenüber anderen Fachwerkstädten am und im Harz?

Nach Schauer (1990, 87/88 u. 1999, 49/50) war Quedlinburg in der Frühzeit des niedersächsischen Fachwerkbaus im Vergleich zu den Nachbarstädten im Harz keineswegs innovativ, sondern bewegte sich innerhalb des um 1530 in Quedlinburg erstmals auftretenden Formenkanons des niedersächsischen Fachwerks. Alle bis 1620 in Quedlinburg auftretenden Formen – wie Fächerrosetten auf Ausbohlungen und viele andere – übernehmen die Quedlinburger Zimmermänner von den Nachbarstädten wie Osterwieck, Wernigerode und Halberstadt.

Auch in der Anzahl der frühen Häuser steht Quedlinburg keineswegs an der Spitze. In Stolberg und Osterwieck gibt es mehr alte Gebäude als hier. Das liegt daran, dass hier durch den wirtschaftlichen Aufschwung in der zweiten Hälfte des 17. Jahrhunderts viele Häuser abgerissen und durch neue ersetzt wurden. Der Unterschied besteht aber darin, dass man in Quedlinburg auch bei den größeren Neubauten den Stadtgrundriss wahren musste.

Erst in der Barockzeit werden die Besonderheiten Quedlinburgs sichtbar. Die Stadt besitzt heute den umfangreichsten Bestand an Fachwerkhäusern aus dem 17. Jahrhundert im Harz (besonders zwischen 1620 und 1710). Vor allem aber wurden diese Häuser in einer Menge wie in keiner anderen Stadt von selbstbewussten Zimmermeistern mit Jahreszahlen und Namen versehen (s. S. 80). In dieser Phase entstand offenbar auch in Quedlinburg 1630 als Sonderform der Balkenbehandlung die Quedlinburger Pyramide (s. S. 92), die sich im nördlichen Vorharz verbreitete.

Außerdem entwickelte man in Quedlinburg eine Vorliebe für Backsteinausfachungen in Mustern. Auch die Gestaltung der Gefache mit unbeschnitzten Hölzern, die man zu Andreas- und Rautenkreuzen sowie Halben-Mann-Figuren anordnete, sind typische Ausprägungen des niedersächsischen Fachwerks. Allmählich bevorzugte man einfachere Detaillösungen. So ersetzte man später die aufwändigen Schnitzereien durch Bohlenprofile. Die Blütezeit des niedersächsischen Fachwerks lag etwa zwischen 1530 und 1620.

Der Wordspeicher ist ein typischer dreigeschossiger Speicherbau mit einer breiten, für Wagen geeigneten Toreinfahrt. Der über alle drei Geschosse reichende Lastenaufzug erinnert daran, dass das als Café und Glasmuseum zugängliche Gebäude einst als Speicherbau diente.

Von Pyramiden, Schiffskehlen, Sternen und Sonnenrädern

Geschnitzte Geheimnisse?

Die Form der Knaggen verzierte man gerne mit Figuren, mit menschlichen und tierischen Gesichtern und mit Fratzen.

Was haben Pyramiden, Sonnen, Fünf- und Sechssterne, Schiffskehlen und Taustäbe mit Quedlinburg zu tun? Zunächst einmal sind sie als Schmuckformen einfach da. Und das in großer Zahl. Wer die Vielfalt des Bauschmucks an Hunderten von Häusern sieht, könnte meinen, er befände sich in einem dreidimensionalen Musterbuch von Geheimzeichen. Ist Quedlinburg eine Stadt der Geheimbündler, die die Zimmerleute in ihre Dienste stellten und die Häuser mit einer Symbolik belegten, deren Bedeutung nur wenigen Eingeweihten vorbehalten war?

Tatsächlich ist der Bauschmuck an ausgesprochen vielen Quedlinburger Häusern aus dem 17. und 18. Jahrhundert auffallend reich, üppig, plastisch und phantasievoll. Da kragen die Oberstöcke so weit vor, dass die Versprünge mit hölzernen Einkehlungen, Röllchen und Wülsten verziert werden, da drehen sich hölzerne Taue und ragen Pyramiden über profilierten Konsolen vor, da weiten sich optisch einfache Holzständer zu halbrunden Fächerrosetten, auf denen Sonnen, Sterne und Räder plastisch herausgearbeitet sind.

Was man in Quedlinburg schnitzte, einkerbte und mit Beilen und Sägen aus Holzbalken zu formen vermochte, verdient zweifellos Respekt, wenn nicht Bewunderung. Handwerkliches Können, Begabung, Geschick und technischer Verstand gingen hier mit Phantasie und Liebe zum Detail einher. Viele Fassaden strotzen geradezu vor üppiger Lebensfreude.

»Uralt« sind jedoch genau diese viel bewunderten Formen und Symbole nicht. Sie sind keineswegs mittelalterlich. Die wenigen Häuser aus dem späten Mittelalter sind einfache Ständerbauten ohne geschnitzten Bauschmuck. Der aufwändigste Fassadenschmuck stammt hingegen aus der Neuzeit, dem 16. bis 18. Jahrhundert.

Richtig ist, dass auch die Menschen dieser Zeiten noch in einer fest gefügten Ständegesellschaft lebten, in der jeder von Geburt an einen Platz einnahm, der nor-

Die Quedlinburger Pyramide ist die prägnanteste Schmuckform des Barock. Sie taucht 1630 erstmals auf und kommt an mindestens 320 Häusern vor. Das entspricht etwa einem Viertel aller Häuser.

malerweise schwer zu ändern war. Vom 21. Jahrhundert zurückblickend mag die damalige Gesellschaft in einer Stadt wie Quedlinburg mit etwa 7000 Einwohnern übersichtlich gewesen sein. Ob der Einzelne allerdings als Handwerker, Kaufmann oder Ackerbürger nach dem Großen Krieg ein Lebensgefühl von »Übersichtlichkeit« oder Ordnung bestätigen würde, dürfte unwahrscheinlich sein. Eher ist davon auszugehen, dass sich Existenznöte im 17. Jahrhundert unmittelbarer auswirkten als heute. Seuchen, Naturereignisse, Feuer, Ernteausfälle durch Unwetter und Sturm hatten einfach dramatische Folgen.

Da man derartige Katastrophen nicht verhindern konnte, hoffte man, Glück zu haben. Wenn also ein Zimmermann das Haus seines Auftraggebers verziert, das seine ureigene Arbeit ist, dann ist selbstverständlich jede Form nicht nur ein beliebiger Schmuck, sondern immer auch ein

Warum haben die Quedlinburger die Oberstöcke ihrer Häuser so weit vorkragen lassen? Man möchte meinen, die Zimmerleute hätten sich diese Arbeit gemacht, um die dabei entstehende Treppenform für allerlei geschnitzten Bauschmuck zu nutzen. Natürlich wird durch die vorkragenden Oberstöcke die verfügbare Fläche erweitert. Aber kann das allein der Grund gewesen sein? Für einen ortsansässigen Zimmermeister war es ebenso Eigenwerbung wie Ehrensache, die Hausfassade für seinen Auftraggeber nach bestem Vermögen angemessen zu schmücken – schließlich signierte er auch die Fassade.

Ausdruck von etwas. Wenn er etwa ein Engelsköpfchen in einen Eckständer oder einen Balkenkopf schnitzt, zeigt dies, dass man das Haus unter den Schutz Gottes stellen will. Oder wenn man umgekehrt an Bügen oder Balkenköpfen Dämonen als Mächte des Bösen, Fratzen und so genannte Neid- und Blähköpfe anbringt, hofft der Hausbesitzer, damit ihresgleichen in lebendiger Form fern zu halten. Denn man ging davon aus, dass Dämonen vor ihrem eigenen Zerrbild zurück weichen. Damit rücken diese Schnitzereien inhaltlich in die Nähe der grotesken Wasserspeier an gotischen Kirchen. Offenbar waren Missgunst und Neid häufige Themen, denn auch die Sinnsprüche drücken die Furcht vor neidischen Nachbarn und übler Nachrede aus (s. S. 81). Sie geben auf ihre Weise Zeugnis über die damalige Lebens- und Alltagswelt, über die Hoffnungen, Wünsche und Ängste, die für das Bestehen des Einzelnen und der Gemeinschaft in einer Stadt wie Quedlinburg existentiell bedeutsam waren.

Auch schnitzte man (Fisch-)Schuppen an Eckständer oder als Friese an Stockschwellen und Füllhölzer. Sie beschwören analog dem schützenden Schuppenkleid von Fischen, Echsen und Schlangen den Schutz vor Naturgefahren wie Blitzschlag, Feuer und Sturm. Diese Symbole drücken also nicht nur Sorgen aus, sondern wollen zugleich auch wirken. Auch wenn sich die Erfahrungswelten damals und heute stark unterscheiden, sind doch die Gefühle ähnlich geblieben. Durch die gefühlsmäßige Nähe kann man sich vielleicht eine Brücke in frühere Jahrhunderte schaffen.

Sonnen und Rosetten

Es gibt universale Symbole, die über Generationen und Kulturräume hinweg verständlich bleiben, wie etwa die Sonne, ohne die als Licht- und Wärmespender kein Leben auf der Erde möglich wäre. Deshalb wird die Sonne in vielen Religionen als Gottheit verehrt und steht bis heute für alles Gute, für Vollkommenheit, kosmische Ordnung und Harmonie. Aus einem Halbkreis mit strahlenförmigem Relief besteht auch die Fächerrosette, die als Hauptschmuckform in der Renaissance an beinahe 40 Gebäuden zwischen 1551 und 1633 vollständig oder in Resten an den Ständern erkennbar ist. Aus der Fächerrosette entwickelte sich der volle Kreis, wie er beispielsweise am Hofgebäude des Hauses Breite Straße 32 auftaucht.

Manche der am Fachwerkbau verwendeten Symbole finden sich schon lange vorher in der romanischen Baukunst, so zum Beispiel auch an der Quedlinburger Stiftskirche St. Servatii, wo orientalische,

Die Quedlinburger Häuser sind üppig geschmückt mit geschnitzten Rosetten, Sternen, gedrehten Tauen, Schiffskehlen, Flechtbändern und Inschriften.

antik-römische, keltische und germanische Einflüsse zusammen kamen. Besonders die Ornamentik aus Flechtbändern und doppelten Wellenbändern findet man in Quedlinburg über einen Zeitraum von mehr als 500 Jahren – sicherlich auch, weil die Umsetzung von organisch-bewegten Formen in harten Stein und Holz handwerklich eine Herausforderung und für den Betrachter später eine Freude ist.

Durch die Verstrebungen mit diagonalen Balken entstehen auf der Fachwerkwand Figuren wie Andreaskreuze, Rauten und Halbe Männer. Die Verstrebungen erfüllen damit neben dem konstruktiven Zweck der Gefachaussteifung einen dekorativen Sinn als Bauschmuck und haben oft einen symbolischen Hintergrund.

Seit etwa 1650 gibt es Andreaskreuze und Halbe-Mann-Figuren. Letztere verwendet besonders gern der Zimmermeister Andreas Schröder, der auch die Tochter von Wulf Götze, dem »Erfinder« der Balkenpyramiden, heiratete. Halbe Männer findet man beispielsweise in der Marktstraße 15, der Pölle 5 (Linhardhaus der Jugendbauhütte), im Steinweg 65, der Hohen Straße 21 oder der Schulstraße 9.

Andreaskreuze werden auch Malkreuze genannt. Abgesehen von ihrer wandversteifenden Funktion gelten sie als kosmologische Viererzeichen. Im Fachwerkmu-

Sterne mit fünf, sechs, sieben und mehr Zacken (folgende Doppelseite) gehören im Barock zu den verbreiteten Schmuckformen an Fachwerkbauten. Engelsköpfchen hingegen (linke Seite) sind in Quedlinburg seltener erhalten. Man kann aber nicht abschätzen, wie viele von den einst vorhandenen Schmuckformen durch Brände und Modernisierungen zerstört worden sind.

seum in der Wordgasse 3 findet man viele Erklärungsansätze für die Symbolik am Quedlinburger Fachwerk. Dort wird das Andreaskreuz mit seinen vier Enden als Verweis auf die vier Sonnenstände, Mondphasen und Jahreszeiten beschrieben – und von daher als Symbol für den Jahreslauf mit seinen Gaben und Gefahren. Deshalb wurden Andreaskreuze zum Zeichen von Wachstum und Mehrung von Familie, Besitz, Frucht und Vieh und auf Grund dieser Bedeutung zum Multiplikationszeichen in der Mathematik. Zugleich sind Andreaskreuze Abwehrzeichen gegen Gefahren wie Unwetter, Blitz und Hagel. Erst recht spät wurden sie mit dem Marterkreuz des Apostels Andreas assoziiert.

Rauten sind ein weit verbreitetes, häufig verwendetes weibliches Sexual- und Fruchtbarkeitssymbol und deshalb gleichfalls ein Sinnzeichen für Vermehrung.

Als man im 17. Jahrhundert die Gefache nicht mehr mit Lehm, sondern mit Backsteinen ausfüllte, brauchte man keine versteifenden Verstrebungen mehr. Auf Muster wollte man aber auch bei den Steinausfachungen nicht verzichten. Deshalb greifen auch die Steinmuster zeichenhafte geometrische Formen auf.

Die Zahlensymbolik der Sterne

Schwierig wird es bei der Beschreibung der Zahlensymbolik, die es wohl immer gab. Die Frage ist nur, über welche Kenntnisse die Bauherren und Handwerkern zu welcher Zeit verfügten. Sicher wird es auch Handwerker gegeben haben, die geometrische Figuren ausschließlich aus Freude an der Raffiniertheit der Form und als handwerkliche Herausforderung sahen. Seit den frühesten Kulturen wird aber den Zahlen, den Zahlenverhältnissen und im Mittelalter auch den Intervallen eine große Bedeutung zugeschrieben. Denn die Welt ist als Bestandteil und Abbild des Kosmos nach harmonischen Regeln und einer (himmlischen) Ordnung aufgebaut.

Auffällig ist weiterhin, dass man an den Renaissance- und Barockhäusern in Quedlinburg häufig Sterne findet. Auch im Fachwerkmuseum geht man auf die Symbolik der Sterne ein. Demnach verweist der Fünfstern – auch Pentaculum, Pentagramm, Drudenfuß, Liebes- oder Zauberknoten genannt – auf die Symbolik der Zahl Fünf. Fünf ist die Summe aus Zwei und Drei. Die Zwei steht als gerade Zahl für das Weibliche, und die Drei symbolisiert als ungerade Zahl das Männliche. Die Fünf verkörpert damit Trennung und Vereinigung, Böse und Gut. In den vorchristlichen Kulturen Ostasiens und Europas ist Fünf die heilige Zahl der Erd-, Mutter- und Liebesgöttinnen, deren Zeichen der Fünfstern ist. Als Meeresstern wurde er auch zum Attribut der Gottesmutter Maria, die damit zugleich den Titel Himmelskönigin von der babylonisch-syrischen Ischtar übernommen hat. Aus dieser Überlieferung heraus ist der Fünfstern ein viel gebrauchtes Schutzzeichen für Haus und Herd, Ehe und Familie und für leiblich-seelische Gesundheit.

Der Sechsstern – auch Hexaculum, Hexagramm und Salomonsiegel genannt – gilt als kosmisches Symbol der Ganzheit aus den Gegensätzen. Die Sechs gilt als eine vollkommene Zahl, weil sie zugleich Summe und Produkt ihrer Teiler ist. Das sich durchdringende Doppeldreieck steht für Makrokosmos und Mikrokosmos, Leben und Tod, Männliches und Weibliches. Das nach oben weisende Dreieck symbolisiert die Schöpfung, das Leben, Gott, den Geist und das ewige Universum, während das hinab weisende Dreieck für Vernichtung, Tod, Mensch, Materie und zeitliche Vergänglichkeit steht.

Der seltene Siebenstern – auch Heptaculum oder Heptagramm genannt – benutzt die Symbolkraft der Zahl Sieben als der Ordnungszahl des Universums und der Schicksalszahl des Menschen. Die Sieben ist die Summe aus Drei (der geistig-göttlichen Ordnung) und Vier (der irdisch-menschlichen Ordnung). Dadurch ist die Sieben neben der Drei und der Zwölf die wichtigste Symbolzahl vieler Kulturen und Religionen. Mit dem Sechs- und Siebenstern bindet sich das Wohnhaus in die gesamte Weltordnung zwischen Gott und Mensch, zwischen Himmel und Erde ein.

Der Zahlensymbolik der Sterne entsprechen die häufigen, aber oft an untergeordneten Stellen verwendeten fünf-, sechs- und siebenblättrigen Rosetten. Aber mit Geheimzeichen haben all diese Quedlinburger Kunstwerke wenig zu tun.

Im Barock signierten die Meister ihre Häuser

Stolze Zimmermeister

Viele Häuser tragen die Signaturen der Zimmermeister und die Entstehtungsdaten sowie ausführliche Sinnsprüche zu vielen Themenberichen des damaligen Lebensalltags. In diesem Falle ist der Spruch mit römischen Versalien in das Holz eingetieft.

Jedes Haus erzählt Geschichten. Hinter den Hauswänden spielt sich seit Menschengedenken Alltagsleben ab. Hier werden Feste gefeiert, Lebensentscheidungen getroffen, hier ereignen sich kleine und große Tragödien. Menschen werden hier geboren und Menschen sterben. Der Bau des eigenen Hauses ist eine wichtige Lebensentscheidung, in die Ideen, Hoffnungen, Zeit und Geld fließen. Den Auftrag gibt man jemandem, von dem man sich ein schönes, solides Haus erhofft, in dem man glücklich zu leben wünscht.

Spätestens seit dem 17. Jahrhundert wissen die Zimmerleute nicht nur um ihren großen Einfluss, sondern hinterlassen ganz bewusst ihren Namen, das Baujahr und manchmal auch ihr Handwerkswappen auf ihrem Werk. Meist verewigen sie sich an der Oberstockschwelle, seltener über der Tür oder dem Tor. Eine dezente, aber wirkungsvolle Werbung in einer Fachwerkstadt wie Quedlinburg, wo jeder jeden um drei Ecken kennt. Und gleichzeitig ein dreidimensionales öffentliches Musterbuch. Wer sich ein Haus bauen wollte, konnte sich bei einem Stadtbummel darüber informieren, was derzeit in Mode ist.

Von den Zimmerleuten hängt alles ab: Sie entwerfen das Haus, wählen das Holz aus, verbinden die Wünsche des Bauherren mit der finanziellen Machbarkeit und ihre künstlerische Begabung mit der technischen Erfahrung. Schließlich sorgen sie dafür, dass die Familie des Bauherrn zum vereinbarten Termin einziehen kann.

Begabte Einzelpersönlichkeiten

Das Besondere an Quedlinburg gegenüber den Nachbarstädten besteht darin, dass man nirgendwo so viele Inschriften von Zimmerleuten auf Häusern findet. So kann man den 18 namentlich bekannten Meistern seit dem 17. Jahrhundert nicht nur eine bestimmte Anzahl Häuser zuschreiben – teilweise bis zu 27 Bauten je Zimmermeister –, sondern kann auch die chronologische und stilistische Entwicklung der Bauformen von einem Meister

Inschriften wie diese zieren seit der Barockzeit viele Häuser in Quedlinburg. Bei diesem Haus sind die erhabenen Frakturlettern mit Goldfarbe bemalt.

verfolgen. Je mehr Häuser saniert werden, desto öfter wird man weitere Inschriften unter den teilweise noch verputzten Fassaden auf den Holzbalken entdecken. Bislang waren es rund 150 Häuser, auf denen man Namen von Zimmerleuten fand.

Der erste namentlich bekannte Zimmermeister ist Simon Hilleborch, der seit 1537 zwei Jahre in Quedlinburg baute. Wegweisend für den Übergang von Renaissanceformen zum typischen Quedlinburger Fachwerk war der Zimmermeister Wulf Götze (1593–1667), von dem man in Quedlinburg zwar nur drei Häuser kennt, der aber ein entscheidendes Motiv hier einführte: die Quedlinburger Pyramide. Er verwendet sie erstmals 1630 an seinen Häusern in der Pölle 28 und im Word 26. Götze stirbt mit 74 Jahren in der Altstadt. Eine Tochter von ihm, Salome, heiratet 1650 seinen jüngeren Berufskollegen, den in der Neustadt geborenen Andreas Schröder (1628–1677). Von ihm sind 18 repräsentative, dreistöckige Gebäude bekannt, die er zwischen 1656 und 1672 baut. Unter anderem errichtet Schröder 1663 das Haus der Jugendbauhütte in der Pölle 5 (s. S. 120). Schröders Markenzeichen, Brüstungsstreben und Halbe-Mann-Figuren, prägten den Stil der Zeit. Schröder stirbt 1677 mit 49 Jahren, drei Jahre später meldet sein Betrieb Konkurs an.

Etwa zeitgleich mit Schröder baut der Zimmermann Peter Dünnehaupt (1631–1682) rund 20 Häuser, die weniger repräsentativ und meist zweistöckig sind. Er bevorzugt anfangs Brüstungsstreben und später brüstungshohe Andreaskreuze und stockwerkshohe Rautenkreuze.

Die meisten Häuser, nämlich mindestens 27, stammen von Martin Lange (1636 – nach 1702). Als Vorsteher des Zimmermannsgewerks erhält er Aufträge für wichtige städtische Gebäude wie die Ratswaage am Kornmarkt 7, die städtische Knabenschule am Marktkirchhof 7–9 und andere. Weitere namentlich bekannte Zimmermeister des 17. und 18. Jahrhunderts sind etwa Gabriel Goldfuß, Andreas Bock, Heinrich und Hans Reule, Andreas und Gabriel Rühle, Andreas Besen, Joachim Lange, Joachim Trost und andere mehr. Hans-Hartmut Schauer hat sie systematisch zusammengestellt, ihre Häuser und viele Informationen über ihre Biografien publiziert (Schauer 1990, 68–87). So weiß man, dass die meisten von ihnen ihr erstes Haus im Alter zwischen 28 und 35 Jahren bauten.

Doch nicht nur die Zimmerleute verewigten sich auf den Häusern, sondern oft auch die Bauherren selber. Neben ihrem Namen und der Jahreszahl ließen sie oft einen persönlichen Sinnspruch schnitzen.

Ein Spaziergang durch die Stadt gerät so zu einer anregenden Reflektion über das Leben. Es gibt zeitlose Lebensweisheiten, fromme Sprüche über den lieben Gott und sich selber und Haussprüche, die das Böse fernhalten sollen. Manche geben Rätsel auf, andere lassen erahnen, mit welchen Mühen und Sorgen der Hausbau verbunden war.

In jedem Falle erzählen die Häuser noch nach Jahrhunderten, was ihre Hausherren bewegte. Dazu einige Beispiele: »Nemo sapiens nisi patiens.« (Niemand ist weise, der nicht leidet.) Oder: »Allen, die uns kennen, gebe Gott, was sie uns gönnen.« Oder: »Wer will bauen an der Strassen, muss die Leute reden lassen. Der eine es lobe, der andre es schelt, doch hats mir gekostet das meiste Geld.«

Die Formenentwicklung

	Spätgotik etwa 1400 bis 1530 11 Häuser *	Renaissance bis Manierismus 1530 bis etwa 1620 70 Häuser *
Auskragung	weite Auskragung	etwa zwei Kanthölzer breit
Ständerstellung	Ständerstellung in Reihung, d.h. gleiche Abstände der Ständer	Ständerstellung in Reihung, d.h. gleiche Abstände der Ständer
Brüstungsfelder	Brüstungsfelder Fußstrebenreihung, Andreaskreuze	Fußwinkelhölzer mit Fächerrosetten, später beschnitzte Ausbohlungen
Stockschwelle	Stockschwelle vollkantig oder Trapezfries, Bügelfries	Schiffskehle, später mit Taustab gefüllt
Balkenkopf	Balkenkopf hat ein Birnstabprofil oder ist einfach abgefast	Walzenform (querliegender Zylinder)
Füllholz	Windbretter oder Deckenfeldansicht (Putz)	Schiffskehle (wie Stockschwelle), später Taustab
Knagge	große Bügen, gotisch reich beschnitzt oder einfach	Walzenform wie Balkenkopf als »falscher« Balkenkopf
Ausfachung	mit Lehm	mit Lehm
Farbigkeit	schwarz (oder rot) – weiß, Beschneidung, Beistriche	schwarz (oder rot) – weiß, Beschneidung, Beistriche
Mögliche Besonderheiten	Aufblattungen, besonders bei Streben; auf der Hofseite Geschossbau	Ausbohlung der Brüstungen mit Fächerrosetten, ganzen Kreisen, Arkadenbrüstung, Beschlagwerk, Sprüche; in Brüstungen auch Andreaskreuze
Beispiele	Blasiistraße 4–6 Breite Straße 33 (um 1485) Pölle 55 Marktkirchhof 5 Neustädter Kirchhof 7 Schmale Straße 47 (um 1485) Wordgasse 3 = Fachwerkmuseum	Breite Straße 32 Hofgebäude (von 1562) Breite Straße 40–42 u. 51/52 (Nr. 39 = Gildehaus zur Rose, um 1612) Hohe Straße 8 (von 1576) (= Haus der Städte-Union) Lange Gasse 28/29 (von 1614) Markt 2 (um 1580/90) Marktkirchhof 6, Inschrift 1577 Pölle 28 (um 1632) u. 47/48 Schmale Straße 13 (um 1562) Stieg 28 u. 30 Word 3 (um 1560/80) Wordgasse 4 (Fleischhof)

* Anzahl der Häuser in Quedlinburg nach Schauer 1999, S. 49

der Quedlinburger Häuser

Übersicht der stilistischen Merkmale nach Schauer

Barock 1620 bis 1720 439 Häuser *	Spätbarock und Klassizismus 1720 bis 830 552 Häuser *	Historismus und Jugendstil 1830 bis 1915 255 Häuser *
etwa ein Kantholz breit	höchstens bohlenstark	keine Auskragung
Ständerstellung in Reihung, d.h. gleiche Abstände der Ständer	Rhythmus (breite Fensterachsen)	unregelmäßige Ständerstellung
Vollhölzer zu Andreaskreuzen, Rautenkreuze	–	Andreaskreuze
Vorstehende Längsprofilierung, Inschriften	Profilbohle vor Deckenzone	anfangs Profilbohle, dann wie Ständer abgefast
Quedlinburger Pyramide, später Karnies	–	vorstehend und mit neuartigem Karniesprofil
Karniesprofil durchlaufend	–	Schränkschicht aus Mauerziegeln
barocke Volutenform	–	–
mit Mauerziegeln in Mustern	Mauerziegel	Mauerziegel, 2 cm zurück
dunkel–hell, Marmorierung	einheitlicher Anstrich	Ziegelfarbe natur, Hölzer braun
Frühform: Zahnschnitt; Spätform: Ziernägel, Balkenköpfe als Maskarone, Pflanzenornamente auf Füllhölzern und Balkenköpfen; Thüringer Leiter oder Bildtafeln als Brüstung	stockwerkshohe Streben zu Eckständern; anfangs gleiche Profile auf Balkenkopf und zurück liegendem Füllholz, dann Balkenkopf in gleicher Ebene wie Füllholz	Kniestock; stockwerkshohe Andreaskreuze; nach 1870 Historismus mit wiederverwendung historischer Elemente, bes. aus der Renaissance, konstruktiv und dekorativ
Augustinern Nordzeile Hohe Straße 34 (von 1652) Lange Gasse 2/3/4 Marktkirchhof 7/8/9 (von 1688) u. 16 Mühlenstraße 15 Pölle 5 (Linhardhaus 1663) Pölle 10 u. 28 Pölle 45 (um 1673) Schlossberg 2 u. 9 Steinweg 11 (um 1671) Steinweg 68 (um 1673) Steinweg 32/33 u. 65/70 Stieg 1 u. 7/8/9 Word 1 u. 2 (um 1675)	Am Hospital 13 Blasiistraße 16 Breite Straße 34 u. 35 (um 1670/90) u. 37 Kornmarkt 3–6 Markt 5–8 Neuer Weg 7 (um 1735) Schlossberg 13/14 u. 17/18 Schmale Straße 51/52 Steinweg 7 Steinweg 18–20 (1797) Steinweg 22, 26/27 Steinweg 33 (um 1716) Steinweg 56–58 u. 75–77 Weingarten 1 (1720)	Breite Straße 16 Konvent 10 Pölkenstraße 39 u. 47 Steinbrücke 3 u. 22 Steinweg 8 u. 24 Heiligegeiststraße 1–5 (um 1914)

Die Raum zwischen den Häusern

Von den ältesten Häusern Quedlinburgs aus der Zeit der Spätgotik sind naturgemäß nur noch Reste erhalten, da die frühen Gebäude den Bürgern späterer Jahrhunderte normalerweise zu klein wurden, Stadtbränden zum Opfer fielen oder im 17. und 18. Jahrhundert durch größere Gebäude ersetzt wurden, oder durch eine falsche Nutzung oder Überbelegung kaputt gingen. Die Gesamtzahl der Häuser nahm in Quedlinburg bis zum Ende des 19. Jahrhunderts kaum zu. Erst mit der Industrialisierung und dem sprunghaften Anstieg der Bevölkerungszahl wuchs die Stadt über ihren mittelalterlichen Mauerring hinaus und es entstanden im Süden und Osten Quedlinburgs neue Stadtviertel.

Wenn man heute dennoch den Eindruck hat, Quedlinburg sei eine mittelalterliche Stadt, dann liegt das nicht an den Häusern selber. Denn rund 94 Prozent aller Gebäude sind nach 1621 entstanden und damit freilich nicht mittelalterlich, sondern barock. Dennoch kann man mit Recht von einer mittelalterlichen Stadt sprechen, denn das Besondere ist hier, dass das Stadtbild bis heute von dem frühmittelalterlichen Grundriss mit seinen Proportionen, Freiräumen, Plätzen und räumlichen Bezügen zwischen Wohnhäusern, Kirchen, Stadtbefestigung und Schlossberg bestimmt wird.

Wer heute die restaurierten Fachwerkhäuser sieht, vergisst leicht, dass jedes von ihnen eine wechselvolle Nutzungsgeschichte hinter sich hat, mehrere Generationen ihre Spuren hinterlassen haben und die Häuser über die Jahrhunderte hinweg umgebaut und erweitert wurden. Deshalb kann man oft nicht das Haus als Ganzes datieren, sondern nur Teile. An 21 Prozent aller Häuser (281 Gebäude) ist das Entstehungsjahr eingeschnitzt, aber der größte Teil von ihnen gehört in die wenigen Jahre zwischen 1663 und 1718, während für die übrigen 400 Jahre nur 103 Gebäude datiert sind (Schauer 1999, 49). Es gibt also keine absolute Datierung, sondern man muss die zeitliche Zuordnung durch Vergleich von Einzelmotiven rückschließen oder aber dendrochronologische Untersuchungen am Holz durchführen. Entsprechend schwanken die Entstehungsjahre je nach Forschungsstand und werden oft mit einer

Der Ständerbau in der Wordgasse 3, heute Fachwerkmuseum (s. S. 64 f.), galt lange als Quedlinburgs ältestes Haus. An 20 weiteren Gebäuden verweisen Baudetails in das frühe 16. Jahrhundert. Zu den baulichen Merkmalen für spätgotische Fachwerkbauten zählen Trapez- und Treppenfriese, weite Vorkragungen und aufgeblattete Streben. Das Baudetail Zapfenschloss, das auf eine Entstehung im 15. Jahrhundert hinweist, wurde am Haus Wordgasse 3 und dem Sakristeianbau der Johanniskirche gefunden (nach Schauer 1990, 52).

Zirka-Angabe genannt. Dies gilt auch für das Fachwerkmuseum in der Wordgasse 3, das man bis Ende 2003 als ältestes erhaltenes Fachwerkhaus Deutschlands bezeichnete, und das sich Anfang der 1960er Jahre als baufällige Ruine zeigte. Weitere Beispiele für die Spätgotik finden sich in der Blasiistraße 4–6, Breite Straße 33, Pölle 55, Marktkirchhof 5, im Neustädter Kirchhof 7 oder der Schmalen Straße 47.

In manchen Jahrzehnten waren die bestehenden Fachwerkhäuser so stark überbelegt, dass ihre Bausubstanz erheblich litt und man sie in besseren Zeiten um- oder direkt neu baute. Besonders nach dem Dreißigjährigen Krieg zogen viele verarmte Menschen vom Land in die Stadt. Da sie den Schutz der Stadtmauern suchten und die Grundstücke bereits bebaut waren, erweiterte man die vorhanden Häuser nach oben und baute sie zum Hof hin zu Mietswohnungen aus. Der Fachwerkspezialist Hans-Hartmut Schauer weist darauf hin, dass der schlechte Zustand vieler Fachwerkhäuser oft auch auf die langjährige Überbelegung zurückzuführen ist.

Im späten 19. Jahrhundert blühte die Stadt zwar wirtschaftlich auf, war aber oft nicht in der Lage, arme Menschen angemessen zu versorgen. Schauer zitiert den Bericht eines Armenpflegers vom 3. Januar 1900, der ein dreistöckiges Wohnhaus mit vier Wohnungen beschreibt: »Bei der Versorgung der Armen meiner Pflegschaft mit Feuerwerk (Brennholz) ist mir der völlig verwahrloste Zustand des Hauses Schmale Straße 50 aufgefallen. Dreizehn Familien, meistens die Ärmsten der Armen, haben hier in kleinen Kammern – jede Ecke ist ausgenutzt – Unterkunft gefunden. Die Treppen sind kaum ohne Gefahr zu passieren. ... Das Dach des Vorderhauses ist völlig defekt. Von den Hohlziegeln sind die Kalkleisten abgewittert, den Luken fehlen die Klappen, in beiden Giebeln fehlen Fache.« (Schauer 1999, 47/48). Das Sprichwort, Armut ist die beste Denkmalpflege, stimmt eben nicht immer.

Das Bild zeigt die Schmale Straße 47 (das kleinste Haus dieser Zeile), ein spätgotisches Haus von etwa 1485 (Foto von 1998). Hier wie am Haus Breite Straße 33 ist noch das auf die Gotik verweisende Fachwerkdetail des Treppenfrieses zu finden. Trapezfriese und andere ältere Bauformen finden sich an den Häusern Pölle 55, Schmale Straße 30, Schlossberg 1 (Stiftshauptmannei), Neustädter Kirchhof 15 und Konvent 20 (alle ohne Foto).

Renaissance bis Manierismus

Die Bauten der Renaissance, etwa fünf Prozent aller bestehenden Häuser, sind im allgemeinen stattlicher als die gotischen Vorgänger gebaut und stehen oft an bevorzugten Stellen der Stadt. Ab wann spricht man beim Quedlinburger Fachwerkbau von Renaissance? Beim niedersächsischen Fachwerk in Quedlinburg haben sich – viel länger als beim Massivbau in den führenden Kunstlandschaften nördlich der Alpen – gotische Formen gehalten. Man könnte auch sagen, dass die Bauherren und Zimmerleute in Quedlinburg etwas konservativer waren als in den städtischen Zentren. Bis 1530/35 spricht man hier von Gotik, erst danach von Renaissanceformen.

Woran erkennt man beim Fachwerk Renaissance?

Der Fachwerkexperte Hans-Hartmut Schauer fasst die typischen Renaissance-Merkmale des niedersächsischen Fachwerks seit 1535 wie folgt zusammen: Man findet hier eine regelmäßige Reihung der Ständer in gleichen Abständen, vorkragende Stockwerke, Fächerrosetten auf den Ständern und den seitlich angebrachten Fußbohlen, Stockschwellen und Füllhölzer mit Schiffskehlen (hohl oder mit Taustäben gefüllt), Zylinder-Balkenköpfe und »falsche Balkenköpfe« (Konsolen in der gleichen Form) sowie durchgehend profilierte Brüstungshölzer in den geschmückten Oberstöcken (Schauer 1990, 55).

Leider gibt es für die Frühzeit des Fachwerks in Quedlinburg selten schriftliche Nachrichten, Baurechnungen oder Urkunden, mit deren Hilfe man einzelne Häuser genau datieren könnte. Das Einzigartige an Quedlinburg ist zwar, dass es die große Anzahl von 281 Häusern gibt, die ihr Entstehungsdatum und den Namen des jeweiligen Zimmermanns an der Stockschwelle oder am Tür- oder Torsturz tragen; das Problem ist jedoch rückblickend, dass dieser ebenso schmückende wie für Bauforscher praktische Brauch leider erst sehr spät, nämlich nach der Renaissance, in der Barockzeit aufkam.

Charakteristisch für die Zeit der Renaissance ist eine meist zwei Kanthölzer breite Auskragung, wie sie auch am Klopstockhaus verwendet wurde (um 1560/80, Bild oben, Mitte). Am Haus Pölle 47/48 (oben und rechts) erkennt man die zeittypischen Flechtbänder. An dieser Fachwerkfassade kann man überdies ablesen, dass das Haus umgebaut wurde. Es sind noch Reste von Rosetten über dem Flechtband erkennbar.

Ein typisches Merkmal für die Renaissance ist beim niedersächsischen Fachwerk das Motiv der Fächerrosette. Das Foto oben links zeigt das Hofgebäude des Hauses in der Breiten Straße 32.

Die anderen drei Fotos dieser Seite zeigen das Haus der Städte-Union in der Hohen Straße 8. Das Renaissancehaus von 1576 war bis Mitte der 1990er Jahre in einem ruinösen Zustand und wurde saniert.

Weil es keine absoluten Datierungen gibt, müssen die älteren Häuser durch einen stilistischen Vergleich datiert werden. Hans-Hartmut Schauer hat dazu über Jahrzehnte hinweg die Merkmale der Quedlinburger Häuser gesammelt, klassifiziert und Formengruppen erarbeitet. Er stellte fest, dass neben den Schiffskehlen die Fächerrosetten ein Hauptmotiv der Renaissance sind und damit einen Schlüssel zur zeitlichen und stilistischen Einordnung liefern. Schauer fand 32 Gebäude mit Fächerrosetten und Stockschwellen mit schiffskehlenartigen Aushöhlungen zwischen den zylinderförmig beschnitzten Balkenköpfen, die zwischen 1550 und 1600 entstanden sein müssen.

Die Fächerrosette

Als Hauptschmuckform der Zeit zwischen Spätgotik und Barock erweist sich damit die Fächerrosette. Als Leitform ist sie in Halberstadt seit 1532 belegbar, und in Quedlinburg taucht sie etwa zwanzig Jahre später auf, erstmals 1551 und 1554. Fächerrosetten gibt es vollständig erhalten oder als Restform. Vollständig findet man sie an 18 Gebäuden aus der Zeit zwischen 1551 und 1633. An 13 Gebäuden kann man sie verstümmelt als Restform erkennen, an den Ständern von sechs Gebäuden sowie je einmal an der Hoffassade und am Hofgebäude des Hauses Breite Straße 32 (s. Foto S. 87). Hier sind im übrigen auch schon volle Kreise zu sehen, die aber noch auf Winkelhölzer geschnitzt sind. Eine Ausbohlung der Brüstungen, auf denen mittig die Fensterrosetten sitzen, findet sich nur am Haus Hohe Straße 8, dem Haus der Städte-Union von 1576, einem der wertvollen Renaissancehäuser (s. Fotos S. 87). Es wurde in den 1990er Jahren mit Hilfe der Deutschen Stiftung Denkmalschutz gesichert.

Man kann in Quedlinburg anhand der Beispiele frühe Formen der Fächerrosette (etwa von 1540 bis 1560), die Hauptform der Fächerrosette (etwa 1560 bis 1580) und späte Formen (etwa 1580 bis 1600) unterscheiden. Die letzte echte Datierung stammt nach Schauer von 1594. Danach verwendet man diese Schmuckform zwar noch bei Aufstockungen bestehender Häuser, bei denen man sich aber an die bestehenden älteren Bauteile anpasste.

Die Jahre zwischen 1610 und 1635 bezeichnen die Zeitspanne, in der man in Quedlinburg Fachwerkhäuser des Manierismus findet. Das obere Foto zeigt Details von typischen Manierismus-Brüstungsfeldern am Haus in der Langen Gasse 29 von 1614.

Das rot-grau gefasste Gebäude (linke Seite) ist das Gildehaus zur Rose.

Zum Beispiel der Fleischhof

Ein besonderes Anwesen aus der Zeit der Renaissance stellt der so genannte Fleischhof in der Wordgasse 4 dar, der sich in unmittelbarer Nachbarschaft des Fachwerkmuseums befindet (Fotos dieser Seite). Im Jahr 1316 erstmals urkundlich erwähnt, gehörte der wirtschaftlich genutzte Hof seit dem 15. Jahrhundert dem Stift, ohne dass man eine spezielle Nutzung in Verbindung mit Fleisch nachweisen könnte. Nachdem das Anwesen seit dem 19. Jahrhundert gewerblich genutzt wurde, zunächst für den Pflanzensamen-Handel und nach 1945 als Großhandlung für technische Waren, unterblieben bauerhaltende Maßnahmen, bis 1955 ein Gewölbeeinsturz unmissverständlich auf die Baufälligkeit hinwies. Der Bauzustand verschlechterte sich in den Folgejahren, weil es trotz wegweisender Studien nicht gelang, eine

Der Gebäudekomplex des so genannten Fleischhofs im Süden der Altstadt (Wordgasse 4) benutzt die massive Stadtmauer einschließlich des Mauerturms als Außenmauern seiner Bauten. Das Fachwerk setzt auf der Mauer auf. Die Ständer zeigen die für das 16. Jahrhundert typischen geringen Abstände bei einer regelmäßigen Reihung. Erst im Barock, im späten 17. Jahrhundert ändert sich diese Regel, und die gleichmäßige Reihung der Ständer lockert sich. Seit dem 18. Jahrhundert gibt es im Hof einen Taubenturm. Heute steht auf den alten Fundamenten dieses Taubenturmes ein Turmaufsatz, der vom westlichen Nachbargrundstück hierher gebracht wurde. Dieser wurde um 1672 errichtet und 1779 repariert.

denkmalgerechte Nutzung für das weiträumige Anwesen zu finden, das zum Wohnen ungeeignet schien. Erst 1985 konnten die Denkmalpfleger mit ersten Sicherungsarbeiten am Ostflügel beginnen. Die drei Gebäudeflügel, die den Innenhof um ein Taubenhaus umgeben, wurden im 16. Jahrhundert als Fachwerkkonstruktion über einem massiven steinernen Unterstock gebaut. Im Westflügel fand man an der Dachschwelle die Datierung 1566 und ein Portal von 1567, ein Portal des Südflügels wird auf 1595 datiert (Schauer 1990, 210–213). Außerdem waren im Westflügel wertvolle Ausstattungsstücke erhalten, die restauriert wurden. Die drei Flügel des Fleischhofs öffnen sich zur Wordgasse hin und schließen den malerischen Straßenraum ab, der durch das Fachwerkmuseum und den Speicherbau mit Glasmuseum und Café zum Verweilen einlädt.

Marktstraße 2

Viele ähnliche Renaissancehäuser wurden seit den 1960er Jahren in langjähriger Arbeit, oft gegen politische Widerstände, von Privatleuten, Bürgervereinen und vor allem von den Denkmalpflegern des Instituts für Denkmalpflege Halle dokumentiert, erforscht und instand gesetzt.

Zu diesen Leistungen gehört das dreistöckige Haus Marktstraße 2 (Foto rechts) von 1580/90, das Anfang der 1970er Jahre leer stand, völlig verbaut war und unter dem Putz des 19. Jahrhunderts starke Schäden am Fachwerk aufwies. Zunächst sollte nur die Fassade erhalten und das Haus durch einen Neubau ersetzt werden. Als die Bauforscher im Hofanbau Teile eines gotischen Gebäudes aus dem 15. Jahrhundert fanden, wurde das Nutzungskonzept geändert und das Haus 1976/77 unter weitestgehender Schonung der Originalsubstanz saniert.

Das Haus wirkt räumlich besonders interessant, weil es einen Versatz in der Bauflucht der Marktstraße aufnimmt. Die Fassade wird im Zwischengeschoss und im Oberstock von den seit 1535 in Quedlinburg gebräuchlichen Fächerrosetten geschmückt, während die doppelten Arkaden auf der Oberstockschwelle erst seit 1576 verbreitet waren. Die große zweizeilige Inschrift im Zwischengeschoss ist durch einen Rolladeneinbau für das Schaufenster im 19. Jahrhundert nur noch teilweise erhalten. Sie verweist auf den Bauherrn Michael Arendt, aber die Jahreszahl ging beim Umbau verloren (Schauer 1990, 196–198).

Das Besondere bei den gleichzeitigen Sanierungen der Häuser Marktstraße 2 und Schmale Straße 13 (hier ohne Foto) ist eine gewandelte Auffassung der Denkmalpfleger bei der Farbgebung der Fassade. Während man lange davon ausging, dass Fachwerkfassaden in dieser Zeit bunt gewesen seien, konnte man hier erstmals den zwischenzeitlich durch neue Befunde als typisch nachweisbaren Schwarz-Weiß-Kontrast durchsetzen. Die Bauten zwischen 1535 und 1620 waren von einem dunklen Anstrich der Holzkonstruktion und den hellen, meist weiß getünchten Gefachen sowie den ehemals roten Ziegeldächern bestimmt (Schauer 1990, 57).

Das Renaissancehaus Marktstraße 2 entstand um 1580/90. Im Zwischengeschoss und im Oberstock finden sich die seit 1535 in Quedlinburg üblichen Fächerrosetten, während die doppelten Arkadenbögen in der Oberstockschwelle als modernere Motive gelten.

Weitere Beispiele für Renaissance finden sich am Hofgebäude des Hauses Breite Straße 32, an den Häusern Breite Straße 39–42 und 51/52, in der Langen Gasse 28/29, im Marktkirchhof 6, in der Pölle 47 und 48, in der Stieg 28 und 30 und im Word 3.

Barockes Fachwerk

Die prägnanteste Schmuckform der Barockhäuser ist der pyramidenförmig geschnittene Balkenkopf, die seit 1630 auftauchende Quedlinburger Pyramide.

Die Merkmale des barocken Fachwerks in Quedlinburg – das ist die Zeit ab etwa 1620 bis 1710 – werden im allgemeinen als Weiterentwicklung der Elemente beschrieben, die in den Jahren davor, in der Renaissance, ausgeprägt wurden. Anders ausgedrückt: Erst im späteren 17. Jahrhundert unterscheiden sich die Fassaden in Quedlinburg deutlich von dem älteren Erscheinungsbild des niedersächsischen Fachwerks.

Was war zwischenzeitlich passiert, wie kam es zu dem so anderen Lebensgefühl in den Städten? Vor allem war ein fürchterlicher Krieg über halb Europa gegangen, den die Menschen angesichts seiner Grausamkeit und seiner Dauer von dreißig Jahren als den Großen Krieg bezeichneten. Es ist rückblickend nur verständlich, dass die Generationen nach dem Krieg etwas Neues suchten, dass sie sich nach Sicherheit, Schönheit und Ruhe sehnten und nicht einfach die traditionellen Techniken und Bauformen übernehmen konnten. Sie wollten es einfach schöner, reicher, größer machen.

So entstehen rund eine Generation nach dem Dreißigjährigen Krieg nach der kriegsbedingten langen Stagnationszeit in Quedlinburg seit etwa 1660 viele neue Gebäude. Nach den wirtschaftlich schlechten Jahren war in Quedlinburg ein großer Nachhol- und Modernisierungsbedarf entstanden. Insgesamt waren alle Barockbauten auffallend reich durchgestaltet. Diese Barockhäuser begründeten den Ruf Quedlinburgs als Fachwerkstadt.

Für die Bauforschung ist es ein Glück, dass genau zu dieser Zeit der Brauch entsteht, dass sich Zimmerleute mit Jahreszahlen auf den Neubauten verewigten. So sind aus den rund zwanzig Jahren zwischen 1660 und 1680 rund 65 durch Bauinschriften datierte Häuser bekannt. (Zum Vergleich: Zwischen 1612 und 1658 kennt man nur 17 datierte Häuser.) Die datierten Barockbauten entstanden zu etwa gleichen Teilen in der Alt- und der Neustadt, und sie machen nur einen kleinen Teil aller Neubauten aus dem späten 17. Jahrhundert aus. Einige Beispiele dafür sind in der Tabelle auf Seite 82–83 aufgeführt.

Die Quedlinburger Pyramide

Die prägnanteste Schmuckform an mehr als 320 Barockbauten ist der pyramidenförmig geschnittene Balkenkopf, die Quedlinburger Pyramide. Diese Form löste die bis dahin übliche Wulstrolle ab und entstand offenbar recht unvermittelt 1630 an den beiden Häusern des Zimmermeisters Wulf Götze im Word 26 und etwas später an der Pölle 28.

Möglicherweise kam dieser damals fast 40-jährige Zimmermeister oder einer seiner Mitarbeiter auf die Idee, das Ende des Deckenbalkens rechtwinklig abzusägen und

Das linke Foto zeigt eine Ansicht des barocken Hauses Pölle 5 im Jahr 2000, dem Dominzil der Jugendbauhütte (s. S. 120). Typisch für die Barockzeit sind die Ausfachungen mit Backsteinen in Mustern sowie die Quedlinburger Pyramide.

Fotos S. 93 Mitte und unten: Am Haus in der Hohen Straße 34 (Bauinschrift von 1651 oder 1652) treten zum ersten Mal Rautenkreuze aus gebogenen Hölzern auf. Ebenso ungewöhnlich für Quedlinburg ist die Giebelstellung. An diesem Haus wurde nach 1963 die erste Musterinstandsetzung des Instituts für Denkmalpflege durchgeführt (Schauer 1990, 187). Damals war es schwierig, einen verständigen Eigentümer oder Rechtsträger zu gewinnen, der bereit war, ein derart baufälliges Haus überhaupt noch aufwändig zu sanieren. Diesen fanden die Denkmalpfleger in dem Eigentümer des Hauses, dem Juristen Dr. Hermann Klumpp (1902–1987), dem auch die Rettung der Feininger-Werke zu verdanken ist (s. S. 133).

es dann mit einer einfachen geometrischen Markierung mit zwei Schnitten so abzuschrägen, dass eine Pyramide entstand. Etwa ein Viertel aller Fachwerkhäuser in Quedlinburg, rund 320 Häuser, zeigen diese Form. Sie wurde bis etwa 1710 verwendet. Danach findet sie sich nur noch selten, weil die in Mode kommende Profilbohle rationeller anzufertigen war.

Neue Knaggen und Halbe Männer

Verändert man an einem komplexen Gebilde wie einer Fachwerkfassade, an der konstruktive und dekorative Elemente eine untrennbare Symbiose miteinander bilden, auch nur ein Detail, dann kann das unmittelbare Folgen für andere Schmuckformen haben. So brachte die neue Form der Pyramide um 1630 zugleich eine Veränderung der Knaggen mit sich (nach Schauer 1990, 60). Als Knagge bezeichnet man das senkrecht zur Wand stehende Winkelholz, das die Balken verriegelt und wie eine Konsole den Übergang gegen die Wand abstützt (s. Foto unten rechts). Diese Knaggen werden im Barock wie eine Volute profiliert oder aus horizontalen Karniesprofilen zusammengesetzt. Schauer führt aus, dass die barocken Knaggen nicht mehr mit starken Zapfen in die Ständer und Deckenbalken eingezapft waren, sondern nur einen Zentimeter tief in einer Blattsasse des Ständers saßen.

Zur gleichen Zeit griff man in der Gestaltung der Stockschwellen wieder auf die ältere Form der Schiffskehlen zurück. Dabei verzichtete man aber normalerweise auf die schmückenden Taustäbe. Seit 1663 erhielten die Stockschwellen in der Hauptetage ein vorstehendes, durchlaufendes Profil. Unterhalb dieses Längsprofils wurde die Schwelle so abgearbeitet, dass auf der zurückliegenden Fläche eine Schiffskehle geschnitzt werden konnte, die mit der Zeit immer kleiner wurde.

Die Reihung der Ständer und das vorstehende Brüstungsholz wurden weiterhin verwendet. Auch blieben vorkragende Erker genauso beliebt wie im 16. Jahrhundert. Eine Änderung betraf allerdings den Schmuck der Oberstockfassaden. Dort bauten die Zimmerleute etwa zwischen 1660 und 1700 statt der Brüstungsbohlen oder Fußstreben nun brüstungshohe Andreas-

und Rautenkreuze. Die seit dem 15. Jahrhundert vorkommenden Kopfstreben wurden im 17. Jahrhundert mit der Halbe-Mann-Figur ergänzt und dann weiter entwickelt. Spätestens seit dem 1629 in der Langen Gasse 28 errichteten Haus (ohne Foto) bestehen die typischen Halben Männer aus einer Eckstrebe und eine gegenläufigen Kopfstrebe. Seit 1652 rückte man den oberen Ansatz der Eckstrebe weiter nach unten, so dass die Figur immer symmetrischer wurde. Halbe Männer waren bis 1710 weit verbreitet und kommen auch noch mehrere Generationen später vor.

Mit Stein gefüllte Gefache

Das wohl markanteste Merkmal des Barock sind die ebenfalls seit etwa 1630 auftretenden, mit Backsteinen ausgemauerten Gefache. Die Steine wurden oft in fantasievollen, abwechslungsreichen Mustern in einen Kalk- oder Gipsmörtel gedrückt und anschließend in einer hellen Pastellfarbe gestrichen. Seit etwa 1660 haben sich die Ausmauerungen weitgehend an den repräsentativen und zur Straße hin gelegenen Hauptgebäuden durchgesetzt, während man einfachere Häuser, hofseitig gelegene Anbauten und Wirtschaftsbauten weiterhin mit Lehmstakungen ausfachte. Oft setzte man auch Backsteine als Wetterschutz vor die Lehmstakung. Durch die Ausmauerung wurden die schrägen Streben überflüssig.

Gegen Ende des 17. Jahrhunderts werden die Bauformen der Fachwerkhäuser insgesamt einfacher. Die Zeit der plastisch durchgestalteten Bauten mit den kunstvollen Fachwerkfiguren, den vorkragenden Oberstöcken und den tief eingeschnittenen großen Schiffskehlen und Pyramidenbalkenköpfen geht allmählich dem Ende zu. Das bedeutet aber nicht, dass die Bauqualität schlechter oder die Häuser unansehnlicher werden. Auch die einfacher gestalteten Häuser sind sorgfältig durchgeplant, wohlproportioniert und solide gebaut. Sie kommen außerdem zu neuen Grundrisslösungen und zeigen im Inneren weiterhin prachtvolle Treppenanlagen mit beschnitzten Säulen in weiträumigen Treppenhallen (hier ohne Fotos).

Die Schiffskehlen werden in den 1680er Jahren kleiner und gehen schließlich in eine einfache Schräge mit abgerundeten

Am Haus am Schlossberg 9 wurden die Gefache mit illusionistischen Rankenmotiven bemalt.

Ecken über. Gleichzeitig kragen die oberen Stockwerke weniger vor, und die Balkenköpfe und Füllhölzer rücken dadurch in eine Ebene. Außerdem wird nun erstmals der gleichmäßige Rhythmus der Ständerreihungen aufgegeben. Zum ersten Mal findet man 1696 am Haus Hohe Straße 24 schmalere Wand- und breitere Fensterfelder zwischen den unterschiedlichen Abständen der Ständer vor.

Als 1702 zum ersten Mal einer der bekannten Zimmermeister bei dem Haus in der Schmalen Straße 24 das Fachwerk verputzte, war dies ein folgerichtiger Schritt hin zur Vereinfachung der Fachwerkfassaden. Er reagiert auf den Zeitgeschmack, der sich nun klarere Hausfassaden statt der traditionellen Binnengliederung mit sichtbaren Hölzern wünschte.

Spätbarock und Klassizismus

Nach den schmuckreichen Barockfassaden suchte man im Klassizismus das Einfache und Klare. So nimmt man nach 1710 die Oberstöcke zurück, reiht die Ständer nicht mehr, sondern gibt ihnen einen Rhythmus. Als prägnantes Element wird jetzt die horizontale, etwa 30 Zentimeter breite und maschinell profilierte Bohle verwendet, mit der man die Balkenköpfe verdeckte. Diese Profilbohle findet man an mindestens 380 Häusern in Quedlinburg, das sind rund 30 Prozent. Bei der Verwendung der ohnehin problematischen Stilbegriffe muss man berücksichtigen, dass von den 380 Gebäuden weniger als zehn Prozent inschriftlich datiert sind, so dass sich die neuen Formen möglicherweise schon früher ankündigten. Später verputzt man die alten Fachwerkfassaden, nachdem man die barocken Balkenköpfe und andere plastische Elemente abgesägt hatte – weshalb man heute manchmal eine freudige Überraschung unter dem Putz erlebt.

Beispiele für Spätbarock und Klassizismus:

Blasiistraße 16
Breite Straße 34/35 u. 37 (von 1670/90)
Kornmarkt 3–6 (mit Salfeldtschem Palais, s. S. 28)
Markt 5–8
Pölle 10
Pölkenstraße 11
Schlossberg 13/14 u. 17/18
Schmale Straße 51/52
Steinweg 7, 18–20 (1797), 22, 26/27, 33 (1716), 56–58, 75–77
Weingarten 1 (1720)

Neu bauen, reparieren, sanieren oder restaurieren?

Sensible Lösungen tun gut

Komplett liften, nur ein bisschen Farbe auftragen oder zu seinem Alter stehen? Geschmacksfragen. Das gilt für die Denkmalpflege aber nur bedingt.

Denkmalpflege ist ein öffentlicher Auftrag auf der Grundlage der Denkmalschutzgesetze der Bundesländer. Deshalb gelten hier keineswegs subjektive Geschmackskriterien. Gemeinsam aber ist der Pflege von Menschen und Bauwerken eines: Es gibt keine Pauschalantwort, kein Rezept, das für alle Fälle gilt. Bevor man handelt, muss erst das Einzigartige, die besondere Situation in ihrem städtebaulichen Zusammenhang untersucht werden. Unsichtbar, aber grundlegend für weitere Maßnahmen ist daher die Bauforschung.

Solange ein Gebäude vollständig als Original erhalten ist, muss es nur dort repariert werden, wo es sonst weiter kaputt ginge. Doch schon bei der Farbfassung stellt sich die Frage, ob man die Originaltöne auffrischen oder die patinierte Version erhalten soll. Im umgekehrten Extremfall ist nur noch ein kleiner Gebäudeteil original erhalten. Soll man ihn abreißen und einen Neubau errichten oder das Gebäude rekonstruieren? Wieviel Rekonstruktion ist denkmalpflegerisch vertretbar? Und welchen Zustand soll man rekonstruieren, ohne die individuelle Hausgeschichte zu zerstören?

Auf diese Fragen gibt es meterweise Literatur mit Antworten, die seit Einführung der staatlichen Denkmalpflege im 19. Jahrhundert ganz unterschiedlich ausfielen. Für jedes Gebäude gilt: Es ist in allen seinen Bestandteilen unabhängig davon, ob man es schön oder hässlich, praktisch oder nicht nutzbar findet, ein Original, und keine noch so gut gemachte Kopie kann dieses Original ersetzen. Ein Neubau hinter einer alten Fassade hat nichts mit Denkmalpflege zu tun und sollte die Ausnahme bleiben, da jede Fassade untrennbar mit der Innenraumgestaltung verbunden ist. Nur in Einzelfällen können derartige Maßnahmen für das Stadtbild sinnvoll sein.

Noch immer müssen in Quedlinburg Fachwerkhäuser aufgegeben werden, weil sie zu lange leer standen und so kaputt sind, dass ein Aufbau einem Neubau gleich käme. Was also tun bei Baulücken? Im 21. Jahrhundert ein Fachwerkhaus in

Sanfte Naturfarben und das Material Holz wurden nach modernen bauphysikalischen Anforderungen verwendet, aber die Maßstäblichkeit und die sorgsame Detailausführung ordnen sich den alten Fachwerkformen unter, ohne sie zu imitieren.

Bei diesem Haus wahrte man straßenseitig das bestehende Erscheinungsbild und fügte gartenseitig einen modernen Anbau an, um zusätzlichen Raum zu gewinnen. Die Gliederung der Gartenseite nimmt typische kleinteilige Gestaltungselemente des niedersächsischen Fachwerks auf. So ergeben die Holzständer einen regelmäßigen Rhythmus mit hochrechteckigen Feldern, die hier als Fenster ausgebildet wurden.

Formen des Mittelalters zu bauen, das es an diesem Ort nie gegeben hat – das sollte man Bühnenbildnern überlassen. Eine Stadt ist kein Freilichtmuseum.

Schwieriger ist es hingegen, eine angemessene moderne Lösung zu entwerfen. Dafür gibt es in Quedlinburg viele Beispiele. Etliche Gebäude waren durch mangelnde Pflege nach dem Zweiten Weltkrieg nicht mehr zu retten, es fehlte an Geld und Material. In den 1960er Jahren reagierten die Stadtplaner auf die marode Bausubstanz mit Flächenabrissen in der nördlichen Altstadt (Schmale Straße, Neuendorf, Breite Straße). Diese großflächigen Abrisse wurden 1989 endgültig gestoppt. Zu DDR-Zeiten entwickelte man Lückenschließungen, die für ihre Zeit bemerkenswert sind und interessante Lösungen bieten. Baulücken gibt es aber weiterhin. Man muss sie schließen, allein schon, um die bestehenden Häuser zu schützen, von denen mehr als die Hälfte als Einfamilienhäuser in Privatbesitz sind. Ihre Erhaltung verdankt sich oft der Nachbarschaftshilfe und Eigeninitiative der Anwohner.

Auch moderne Lösungen erfordern handwerkliches Geschick und ein Gespür für Proportionen, Materialien und Binnengliederungen. Die Fotos zeigen ein älteres und ein jüngeres Beispiel für Lückenschließungen.

Stadtspaziergänge

Quedlinburg entwickelte sich in wirtschaftlicher Wechselwirkung mit dem Stift. Doch allein mit der Betrachtung der Altstadt wird man der Vielfalt dieses über Jahrhunderte gewachsenen Stadtgebildes nicht gerecht. Denn so ganz anders als die anderen Stadtteile zeigt sich beispielsweise der Münzenberg, auf dem wie auf einer Insel seit der frühen Neuzeit all jene Menschen ein Zuhause fanden, die in der ummauerten Bürgerstadt unerwünscht waren.

Später, seit dem ausgehenden 18. und 19. Jahrhundert, entwickelten sich um die mittelalterliche Alt- und Neustadt neue Stadtviertel, die flächenmäßig die alten Teile um ein Mehrfaches übersteigen. Im Mittelalter waren die Quedlinburger als Ackerbürger und Kaufleute wohlhabend geworden – im 18. Jahrhundert begann eine neue Phase, die der Samenzüchter. Nun brachten Großgärtnereien mit systematischer Samenzucht den Bürgern Wohlstand. Erstmals stieg die Bevölkerungszahl im 19. Jahrhundert sprunghaft an. In kurzer Zeit entstanden großbürgerliche Stadtviertel mit einem ganz eigenen Gesicht. Ihre Bauherren, Fabrikanten und Kulturbürger, sahen die Stadt anders als ihre Vorfahren und konnten für ihre Anwesen über größere Flächen verfügen.

Ganz bewusst legten sie Grünzonen um das Gebiet der kleinteiligen Fachwerkstadt an, so etwa den Wordgarten oder die Grünflächen rund um die Stadtmauer und die Türme, die nun zum romantisierenden Schmuck umgedeutet wurden. Vom Historismus bis zum Jugendstil reichten die Formen der Häuser, die die traditionelle Fachwerktechnik für sich wiederentdeckten. Die Kulturbürger des 19. Jahrhunderts erinnerten sich nun an ihre »großen« Söhne – und eine Tochter – und setzten ihnen Denkmäler in Parks und auf Plätzen.

Heute, im 21. Jahrhundert, stehen die Bürger wieder vor einer anderen Aufgabe. Sie müssen ihr reiches bauliches Erbe mit neuen Funktionen füllen und die jungen Menschen in der Stadt halten. Von all dem erzählt dieses dritte Kapitel.

Eine nachmittelalterliche Besiedlung auf dem Berg

Wohnen auf dem Münzenberg

Wo in einem Kloster vom 10. Jahrhundert bis zur Reformation Benediktinerinnen lebten, siedelten sich im 16. Jahrhundert Musikanten und Tagelöhner an. Deren einfache, dicht beieinander stehende Häuser fingen leicht Feuer, so dass die meisten Gebäude heute aus dem 19. und 20. Jahrhundert stammen.

Wer den Münzenberg besucht und sonst die Anonymität der Stadt gewöhnt ist, könnte sich fast wie ein Eindringling vorkommen. Denn während man in den anderen Teilen der Stadt, unten im Tal, überall auf geschäftiges Leben, auf Touristen und Einheimische trifft, verirren sich nur wenige Fremde auf den zweiten Sandsteinhügel der Stadt, den Münzenberg. Hier wohnt man. Besucher steigen allenfalls die 99 Stufen oder die Straße hinauf, um von oben den Schlossberg als eines der bekannten Quedlinburg-Motive zu fotografieren. Ansonsten: Privatsphäre. Man wird freundlich gegrüßt, ist willkommen. Es gibt keine Geschäfte und keinen Durchgangsverkehr. Der Fels scheint sich hoch über dem Alltag zu erheben. Verwinkelte

In den Mauern der heutigen Gebäude stecken noch die Reste des mittelalterlichen Klosters. Das Foto zeigt die Esse der Klosterbäckerei, die aus einem der Häuser herausragt.

Den meisten Wohnhäusern sieht man an, dass ihre Bewohner über Generationen an ihnen gebaut haben. Auch wenn manche Details heute nicht die hundertprozentige Zustimmung aller Denkmalpfleger finden, wirkt die vermeintlich regellos bebaute Gesamtheit des Münzenberges gerade deshalb sehr reizvoll. Mit großer Sorgfalt wurden die Straßen saniert. Auch jüngere Gebäude aus dem frühen 20. Jahrhundert erstrahlen wieder in altem Glanz.

Straßen, gepflegte Häuser, Natursteinpflaster und Begrünung sorgen für eine wohltuende Ruhe.

Das war nicht immer so. Mathilde, Tochter von Otto I. dem Großen und erste Äbtissin des Quedlinburger Stifts, gründete auf dem Münzenberg 986 zur Erinnerung an ihren drei Jahre zuvor unerwartet früh verstorbenen Bruder, Kaiser Otto II., das Benediktinerinnenkloster St. Marien, das sie entsprechend reich ausstattete. Der Geschichtsschreiber Widukind von Corvey widmete der klugen, weit gereisten und politisch einflussreichen Äbtissin 986 seine Sachsengeschichte.

Das Kloster bestand bis aufständische Bürger es im Bauernkrieg 1525 zerstörten. Später siedelten sich unter Äbtissin Elisabeth (1574–1584) in den Ruinen Wandermusikanten, Tagelöhner und andere arme Menschen an, denen die Bürgerrechte verwehrt wurden. Der Bildhauer Wolfgang Dreysse setzte den Stadtmusikanten 1979 auf dem Marktplatz der Altstadt ein Denkmal. Da die Häuser der armen Menschen billig und dicht neben- und ineinander gebaut waren, fielen sie im 17. Jahrhundert mehrmals Stadtbränden zum Opfer. 1699 brannte gar mit 22 Häusern die gesamte der Stadt zugewandte Seite nieder.

Einen Spaziergang auf den Münzenberg sollte man sich als Quedlinburg-Besucher gönnen, denn er zeigt ein Beispiel für heutige Wohnkultur in alten Strukturen.

Die Neustadt entstand im 13. Jahrhundert

Eine Stadterweiterung des Mittelalters

Die Doppelturmfassade der Neustädter Nikolaikirche mit den spitzen gotischen Turmhelmen markiert das mittelalterliche geistliche Zentrum der Neustadt. In unmittelbarer Nachbarschaft befand sich der Neustädter Marktplatz mit dem Rathaus. An dessen Stelle sprudelt seit dem ausgehenden 19. Jahrhundert der Mathildenbrunnen. Der vormalige Parkplatz wurde Ende der 1990er Jahre durch Wiederherstellung einer einheitlichen Platzfläche mit Natursteinpflasterung und durch eine veränderte Verkehrsführung wieder als ein Platz erlebbar gemacht, an dem man sich gerne aufhält.

Zwei Marktplätze, zwei große Stadtkirchen, zwei Rathäuser, also zwei Stadtzentren – und das alles aus dem Mittelalter. Diese Doppelung ist typisch für Quedlinburg. Was bedeutet das? Ganz einfach: Wer sich alles doppelt leistet, kann es sich leisten. Offenbar reichte den Quedlinburger Bürgern das eine Rathaus mit dem Marktplatz nicht aus, sie brauchten Platz. Also erweiterten sie ihre Stadt und bauten eine neue Stadt, und das im frühen 13. Jahrhundert. Was war geschehen?

Kurz formuliert: Die Bürger waren im 12. und 13. Jahrhundert wirtschaftlich und politisch so erfolgreich, dass die Altstadt innerhalb weniger Generationen bebaut war und man sie erweitern musste. Diese Neustadt »nova civitate« wurde 1222 erstmals urkundlich erwähnt. Schauer (1990, 17) beschreibt die enorme Bautätigkeit der Bürger im Mittelalter wie folgt: »Sie schufen sich in jener Zeit ihr Rathaus, drei Stadtkirchen, die fast 100 Meter lange Steinbrücke über die Bode und eine Befestigung um beide Städte von vier Kilometern Länge mit 28 Türmen.«

Als man die Neustadt plante, musste man das Gelände zunächst trocken legen. Bis zu drei Meter dicke Auffüllungen mit Kies und Auelehm verweisen auf die technischen Anstrengungen, mit denen man im 13. Jahrhundert die Bode einzudämmen verstand, um mehr Baufläche zu gewinnen. (nach Schauer 1990, 18)

Wovon waren die Bürger so reich geworden?

Von ganz einfachen Dingen, die so ziemlich jeder gern hat – oder braucht: Dazu gehören Schnaps, Bier und Wolle. So könnte man es verkürzt zusammenfassen. Anders ausgedrückt: Quedlinburgs Bürger haben immer viel gearbeitet. Auch als Bürger bewirtschafteten sie das Umland für die Eigenversorgung und um die erzeugten Produkte weiter zu verarbeiten und zu ver-

kaufen. Schauer (1990, 20–21) beschreibt dieses System folgendermaßen:

»Die Wirtschaftskraft der Stadt beruhte nicht nur auf dem weitgehend lokal orientierten Handel, sondern vor allem auf der Landwirtschaft im Umland. Die Quedlinburger Kaufleute hatten seit dem 13. Jahrhundert ihr Kapital zunehmend im Landerwerb investiert. Die Bürger waren als Ackerbürger auf ihrer großen Feldmark in der landwirtschaftlichen Produktion und in der Verarbeitung dieser Produkte sowie ihrem Handel tätig. Hieraus ergab sich von selbst die Verbindung der Schafzucht mit der Wollproduktion, des Weizen- und Gersteanbaus mit der Brauerei, der Branntweinbrennerei mit der Mastviehhaltung und damit ein gesicherter Wohlstand der Bürger, der nicht nur den Sturz 1477 *(durch die Äbtissin, Anm. d. Autorin)*, sondern später auch die Drangsale des Dreißigjährigen Krieges schnell überwinden half. Von dieser hohen, ungebrochenen Leistungskraft zeugen nicht nur der repräsentative Rathausumbau *(der Altstadt)* von 1616 und die reichen neuen Ausstattungen in der Benedikti- und Ägidiikirche, sondern vor allem die zahlreichen städtischen und privaten Neubauten aus Fachwerk in der zweiten Hälfte des 17. Jahrhunderts.«

Der Neustädter Markt hatte keine Chance

Es war die Äbtissin, die darauf bestanden hatte, dass in der Neustadt ebenfalls ein Marktplatz angelegt wurde, denn die Neustadt wurde zunächst als reine Handelsstadt geplant. Ihr regelmäßiger Grundriss mit dem fast rechteckigen Straßensystem zeigt, dass die Besiedlung planmäßig erfolgte. Die Menschen jedoch durchkreuzten diesen Plan, indem immer mehr aus den umliegenden Dörfern des Stifts in die Neustadt strömten, um in ihrem Schutze als Ackerbürger zu leben. Der groß angelegte Neustädter Markt, dessen Marktrecht die Äbtissin für sich behielt, hatte keine Chance, zu einem wirtschaftlichen Knotenpunkt aufzusteigen, weil die Händler den alten Wegen zum Altstädter Markt folgten (Schauer 1990, 19).

Hätte der Neustädter Markt sich gegenüber dem Altstädter behaupten können, sähe er heute anders aus. Denn das gotische Rathaus aus dem 13. Jahrhundert

Wo sich die beiden Neustädter Hauptstraßen, die hier abgebildete Pölkenstraße (mit Blick auf die Nikolaikirche) und der Steinweg treffen, lag das Zentrum der Neustadt mit Marktplatz und Rathaus. Die Fotos dieser Seite zeigen die Pölkenstraße im Abstand von zwölf Jahren, in den Jahren 1992 (links) und 2004. Sie dokumentieren zwei Aspekte von Denkmalpflege: erstens, dass sich gute Denkmalpflege dadurch auszeichnet, dass sie eben nicht plakativ sichtbar ist. Und zweitens, dass es den Denkmalpflegern der DDR gelungen war, vieles zu bewahren. Die Häuser brauchten zwar dringend eine Restaurierung, waren aber noch überwiegend original erhalten.

Blick vom Neustädter Markt in Richtung Nikolaikirche. Wie Perlen an einer Schnur säumen die sanierten barocken und klassizistischen Fachwerkhäuser aus dem frühen 18. bis 19. Jahrhundert den Marktplatz.

An vielen Stellen ist noch in Quedlinburgs Stadtbild erkennbar, wie wasserreich die Gegend ist. Die mittelalterliche Steinbrücke (1229 genannt) über die Bode und Straßennamen wie hier am Damm verweisen darauf, dass man das Gelände erst trockenlegen musste, um die Neustadt anzulegen. Straßennamen wie Zwischen den Städten erinnern daran, dass Quedlinburg einst aus der Altstadt und der Neustadt bestand. Erst um 1340 wurde eine gemeinsame Mauer um beide Städte herum gebaut. (Schauer 1990, 18)

wurde endgültig 1890 abgerissen. An seiner Stelle schuf man den nach der Gattin des Stadtrats Besser benannten Mathildenbrunnen (s. Foto S. 104), der nach der geänderten Verkehrsführung heute wieder als Mittelpunkt des Platzes erlebbar ist. Dieser städtebauliche Wandel ist ein schönes Beispiel für Stadtbildpflege im späten 19. Jahrhundert. An Stelle eines baulichen Sinnzusammenhangs aus Markt und Rathaus trat mit veränderten Bedürfnissen die Dekoration. Ein Zierbrunnen bildet das Zentrum eines Platzes, der seine Bedeutung als Markt längst verloren hatte.

Im Schatten der Nikolaikirche

Die Pfarrkirche der Neustadt wurde in romanischer Zeit als dreischiffige Basilika errichtet und im 13. Jahrhundert in der moderneren Formensprache gotisch umgebaut. Zu dieser Zeit erhielt die Nikolaikirche ihre gotische Doppelturmfassade mit den charakteristischen, hoch aufragenden Spitzhelmen sowie einen gotischen Chor. Seit den späten 1990er Jahren wurden Teile der Kirche innen und außen restauriert. Denn nach einem Brand musste die gesamte Inneneinrichtung gereinigt und der Chor saniert werden. Zugleich restaurierte man die Fenster und ersetzte die alte Elektroheizung unter den Kirchenbänken durch eine Fußbodenheizung. Sukzessiv werden in den kommenden Jahren die Strebepfeiler gesichert. Für die langfristige Bauunterhaltung der Nikolaikirche sorgt eine private Stiftung, die von der Deutschen Stiftung Denkmalschutz treuhänderisch verwaltete Busch-Stiftung.

Im Pfarrhaus unweit des Kirchplatzes, Kaplanei 10, wohnte der Diakon Johann Christian Erxleben (gestorben 1759), von dem wir nicht viel wüssten, wenn man sich nicht Anfang des 20. Jahrhunderts wieder an seine Ehefrau erinnert hätte, an die erste promovierte Ärztin Deutschlands, Dorothea Christiana Erxleben (s. S. 128). Als Ärztin und Mutter dürfte sie nahezu alle Familien um St. Nikolai herum gekannt

Die Neustädter Häuser aus dem 13. Jahrhundert sind längst verschwunden. Sie schienen späteren Generationen zu klein und wurden durch größere ersetzt. Die heutige Bausubstanz der Neustadt stammt überwiegend aus dem späten 17. und 18. Jahrhundert.

Rund um den Neustädter Kirchhof reihen sich Häuser, die wie das spätgotische Bautenensemble Kirchhof 7 (obere Bilder vor und nach der Restaurierung) in das 15. Jahrhundert zurück gehen. Dieses Haus ist bauhistorisch interessant, denn es ist eines der wenigen aus der Zeit des Wechsels von Geschoss- zu Stockwerksbau. Typisch sind die reich geschnitzten, weit vorkragenden Bügen (rechtes Foto), die den weit vorstehenden Oberstock tragen.

haben, obwohl man über ihre berufliche Arbeit nur indirekt durch Briefe anderer Zeitgenossen etwas weiß. Aus Briefen, die im Klopstockhaus erhalten sind, geht hervor, dass Dorothea mit der Familie Klopstock gut bekannt war. Wie ihr Vater, der streitbare und sozial engagierte Arzt Christian Polykarp Leporin, begann auch sie, ihre Kinder frühzeitig zu unterrichten. Einer ihrer Söhne wurde Jurist und Kanzler an der Universität Marburg, ein anderer Professor in Göttingen.

Neubauten im 17. und 18. Jahrhundert

Im Dreißigjährigen Krieg (1618–1648) wurde mehr als ein Drittel der Menschen in Europa getötet. Hunderte Ortschaften verschwanden für immer. Die Berichte aus dieser Zeit geben ein grausames Bild mit niedergebrannten Dörfern und menschenleeren Städten wieder. Hatte Quedlinburg mehr Glück als andere Städte? Manche meinen das. Aber liest es sich nicht viel zu lapidar, dass in der Stadt seit 1633 mehrmals gekämpft wurde und durchziehende Truppen sie plünderten? Wenige Jahre zuvor, 1626, waren mehr als 2374 Bewohner der Neustadt an einer Pestepidemie gestorben. Aus einer Eingabe der Bürgerschaft an die Äbtissin im Jahr 1647 weiß man, dass seit 1635 viele Bürger ausgewandert und über 100 Häuser zerstört waren (Schauer 1999, 22). Verglichen mit der damaligen Einwohnerzahl sind das Einschnitte, die man im Stadtbild zu spüren bekommt.

Dennoch schien sich die Stadt nach diesem Krieg relativ schnell zu erholen, weil viele Bürger, vor allem die Bewohner der Neustadt, Land besaßen und zugleich ein Gewerbe wie eine Brauerei und Brennerei betrieben. Übrigens blieben die Handwerker zunächst nach mittelalterlicher Tradition in Zünften und Innungen organisiert und machten den größten Teil der erwerbsfähigen Bürgerschaft aus. Am Anfang des 18. Jahrhunderts bestanden noch 48 Handwerkerinnungen in der Stadt.

Einen Einschnitt in der Wirtschaftsgeschichte bedeutete das Jahr 1698: Der sächsische Kurfürst August der Starke, bis dahin Landesherr, verkaufte die Schutzherrschaft über Quedlinburg an Brandenburg-Preußen. Die damit verbundene Neuordnung mit entsprechenden Gesetzen und weiteren Steuern trieb etliche Bürger in den Konkurs. Schauer beschreibt: »Die Konkursausfälle waren zwischen 1694 und 1724 gegenüber der vorangegangenen Zeit sechsmal höher, und viele der angesehensten Ratsgeschlechter und Handelshäuser gingen wirtschaftlich zugrunde.« (Schauer 1999, 21). Abgesehen davon war die Bürgerschaft weiterhin von der Äbtissin abhängig, und es gelang dem Magistrat nur durch geschicktes Ausspielen von Äbtissin und Preußischem Schutzherrn, sich gelegentlich etwas Freiraum zu verschaffen.

Trotzdem erreichten manche Bürger wieder einen gewissen Wohlstand und finanzierten mit ihrem Geld die neuen barocken Ausstattungen der Stadtkirchen. Zum gehobenen Bürgertum zählten Großkaufleute und später auch Fabrikanten, denn in Quedlinburg entwickelte sich im 18. Jahrhundert ein neuer Erwerbszweig, die Saatzucht (s. S. 110). Mitte des Jahrhunderts gab es bereits vier große und 40 kleinere Gärtnereien und Samenzuchtbetriebe. Sie läuteten eine neue Phase bürgerlichen Wohlstands ein.

In den »Streifereyen durch den Harz« beschreibt der Autor Friedhelm Ferdinand Müller um 1800 drei Zirkel unter den vornehmeren Stadtbewohnern – den der Adeligen, den der Kaufleute und den der Branntweinbrenner. Es waren diese wohlsituierten Bürger, die das geistige und kulturelle Leben der Stadt förderten (Schauer 1999, 21 und Festschrift 1994, 136).

Auch entstanden in dieser Zeit rund 500 große Fachwerkhäuser in einer eigenen Formensprache. In der Neustadt sowie den Vorstädten gibt es, auf das Verhältnis der Gesamtzahl der Häuser bezogen, besonders viele Häuser mit großen Toreinfahrten. Das hängt damit zusammen, dass in der Neustadt überwiegend die Ackerbürger mit ihren großen Grundstücken wohnten. Schauer zählte in Quedlinburg 136 Häuser mit Toreinfahrten, davon 61 in der Neustadt (Schauer 1990, 39/49). Diese Großzügigkeit macht bis heute das Unverwechselbare der Neustadt aus.

Die meisten Fachwerkhäuser der Neustadt wurden zweistöckig gebaut. Nur an den wichtigen Straßen wie Pölkenstraße und Steinweg wurden sie dreistöckig ausgeführt.

Bürgersinn und Gemeinwohl im 19. Jahrhundert

Historismus und Jugendstil in einer Fachwerkstadt

Seit 1890 entstanden vor allem südwestlich der Altstadt stattlichen Jugendstil-Häuser. Im Verlauf von Steinbrücke – Heiligegeiststraße – Pölkenstraße lassen sich an nahezu jeder Fassade die schönsten Baudetails bewundern. Ihre reiche Fachwerktradition haben die Quedlinburger Bauleute auch hier nie verleugnet. Fachwerk ist keine Frage des Geldes, sondern des Stils.

Wer in Quedlinburg »nur« Mittelalter erwartet, wird von der Menge an Jugendstilhäusern überrascht sein. Die Häuser des 19. und frühen 20. Jahrhunderts prägen die Straßen um die Altstadt.

Die Grundlagen für den wirtschaftlichen Aufschwung im 19. Jahrhundert sind im 18. Jahrhundert zu finden, denn damals wurden rückblickend die Weichen für die Industrialisierung gestellt. Während hier die städtische Kultur Jahrhunderte lang von der Bürgerschicht der Ackerbürger und Kaufleute getragen wurde, entwickelten sich nun neue Gewerbe und Industriezweige. Die Quedlinburger mussten nie bei Null anfangen, denn hier lebten viele Familien über Generationen hinweg am gleichen Ort, die ihr Handwerk und Gewerbe an die nächste Generation weiter gaben. Man konnte auf bereits geschaffenen Werten und einem gewissen Bildungsstandard aufbauen. Es gab eine handwerkliche und intellektuelle Tradition, es waren Schulen und ein Gymnasium vorhanden. Dieses war bereits 1540 von der Äbtissin Anna II. von Stolberg auf Anregung von Martin Luther und Philipp Melanchthon gegründet worden. Humanisten, Aufklärer und Re-

former wie Klopstock, GutsMuths oder Ritter hinterließen ihre Spuren im Quedlinburg des 18. Jahrhunderts. Sie und ihr Umkreis hatten die tragende Bürgerschicht mit ihrem Gedankengut beeinflusst.

Es waren überwiegend Menschen, die sich Quedlinburg als ihrer Heimatstadt ein Leben lang verpflichtet fühlten, weil sie sich mit ihr identifizierten, weil ihre Eltern und Großeltern schon hier begraben waren, weil sie jedes Haus und die Geschichten der Bewohner kannten. Quedlinburg war rückblickend betrachtet eine durchaus übersichtliche kleine Stadt, deren Bewohneranzahl so klein war, dass eine starke soziale Kontrolle unvermeidbar bestand.

Vor diesem Hintergrund kann man den damals wichtigen Begriff »Vaterland« verstehen, denn er war im späten 18. Jahrhundert inhaltlich mit den Idealen der französischen Revolutionsgedanken gefüllt. Das kollektive Lebensgefühl der Intellektuellen war damals von der Hoffnung auf eine bessere Zukunft erfüllt, von dem Glauben an soziale Gerechtigkeit, die man sich als Ergebnis von entsprechender Ausbildung und Erziehung versprach, von dem Ringen um freie Meinungsäußerung, und von der Vorstellung, dass der Mensch der Zukunft von Vernunft geleitet seine Entscheidungen treffen werde. Der Vaterlandsbegriff war im frühen 19. Jahrhundert noch nicht untrennbar mit dem des Nationalstaats verknüpft, weil letzterer damals erst in der Entstehung begriffen waren. Wenn Klopstock etwa für einen sorgsamen Umgang mit der deutschen Muttersprache plädiert, dann liegt die Betonung auf »Sprache«. Selbstverständlich gab es damals wie heute alle Charaktere, aber in einer Kleinstadt ohne Massenmedien funktionierte das Leben nach anderen – nicht für jeden besseren – Regeln.

So wird verständlich, warum sich seit dem 18. Jahrhundert die Großbürger und Fabrikanten besonders stark für das Erscheinungsbild ihrer Stadt verantwortlich fühlten und ihren erwirtschafteten Gewinn

Ob aus Stein oder Holz oder in gemischter Bautechnik – die Historismus- und Jugendstilhäuser bilden eine künstlerische Einheit vom Keller bis zum Dach. Deshalb gilt auch hier in der Heiligegeiststraße: Kopf hoch.

Paul Oeter

Paul Oeter

DOCTRINAE SAPIENTIAE PIETATI

nicht nur in den Schmuck ihrer eigenen Häuser, sondern in die Bildung und Kultur ihrer Stadt investierten.

Wer im 19. Jahrhundert nach Quedlinburg kam, sah die Stadt von Großgärtnereien und Feldern umgeben, die ihr im Sommer einen vielbeschriebenen Reiz verliehen. Quedlinburg war umgeben von Feldern mit bunten Blumen – da konnte man leicht vergessen, dass viele bürgerliche Felder auf dem von Preußen eingezogenen oder verkauften Gelände der ausgedehnten Stiftsgärten entstanden waren.

Die Stadt wurde durch Samenzucht, vor allem durch die Züchtung ertragreicher Zuckerrübensamen in wenigen Generationen so erfolgreich, dass sie darin weltweit führend wurde. Die Schattenseite des Erfolgs: In der zweiten Hälfte des 19. Jahrhunderts wurden die vielen kleinen Betriebe von wenigen großen gekauft, die dann Arbeiter einstellten. Mit dieser Zeit ist der Firmenname Dippe verbunden. Die Lagerhäuser prägen bis heute den Süden und Westen der Stadt. Bei Dippe arbeiteten 1920 immerhin 1700 Arbeiter.

Im späten 19. und frühen 20. Jahrhundert entwickelten sich außerhalb der mittelalterlichen Stadtmauer, entlang der Wallstraße großbürgerliche Villenviertel. Man legte öffentliche Parks an und schmückte sie mit Denkmälern. Damals entstanden viele öffentliche Gebäude wie Post, Krankenhaus, Bahnhof und Schulen. Dort hinein flossen Geld, Stolz und Geschmack. Zu den Schulen gehören die Realschule auf dem Schulplatz (1892) und die im Konvent, die Pestalozzischule in der Altetopfstraße (1903) und die Bosseschule (1907). Am Markt 3/4 baute man 1906 das erste Kaufhaus. Innerhalb weniger Jahre entstanden stattliche Gebäude wie das Städtische Wasserwerk am Brühl (1881), das Postgebäude in der Bahnhofstraße (1889), die Städtischen Elektrizitätswerke (1902), die Städtische Gasanstalt (1911), eine Badeanstalt in der Gutsmuthsstraße 6 (1908). Diese repräsentativen Gebäude haben mit den Privathäusern eines gemeinsam. Sie wurden in Kenntnis und vor dem Hintergrund der örtlichen Bautradition in der Fachwerkstadt errichtet.

Die breiten Straßen rechts und links der Wallstraße im Westen der Altstadt werden von reich geschmückten, stattlichen Häusern des späten 19. und frühen 20. Jahrhunderts geprägt. Das Viertel ist in einer seltenen Geschlossenheit erhalten, wie man sie als Folge des Zweiten Weltkrieges in kaum einer deutschen Großstadt mehr findet. Hier kann man sie noch erleben, die großbürgerlichen Viertel der Gründerzeit mit ausgedehnten Grünanlagen entlang der Stadtmauer.

Eine ungewöhnliche Idee im Herzen der Altstadt

Denkmalpflege und gute Idee: Leben in der Altstadt

Für viele waren die drei leer stehenden Fachwerkhäuser in Marktnähe ein Fall für die Abrissbirne. Dabei ist das älteste von ihnen aus dem Jahre 1597 mehr als 400 Jahre alt, das zweitälteste wurde 1635 und das jüngste 1862 errichtet. Das rechte Foto unten zeigt den Zustand vor der Sanierung (1998), das Bild auf der rechten Seite den Blick in die Gegenrichtung heute. Auf dem Balken über dem Tor hat der Bauherr Andreas Quenstedt stolz seinen Namen einkerben lassen.

Ich war noch nie in meinem ganzen Leben so glücklich wie heute!« Die Augen der jungen Frau im Rollstuhl strahlen und lassen keinen Zweifel an der Wahrheit dieser spontanen Antwort auf die Frage, ob sie sich in ihrem neuen Zuhause eingelebt habe. Nein, niemals hätte sie sich vorstellen können, sich mit ihrem Rollstuhl in einem alten Fachwerkhaus so frei bewegen und mitten in der Welterbestadt Quedlinburg wohnen zu können.

Selbstständig auf dem Markt frisches Gemüse einzukaufen, abends spontan ein Konzert in St. Blasii zu besuchen oder einfach in einem der Altstadtcafés in der Sonne zu sitzen – alles dies blieb ihr bis Juli 2002 vorenthalten. Junge Menschen, die durch eine Körperbehinderung nicht in üblichen Wohnungen mit Stufen und schmalen Türen leben können, werden häufig in Altenheimen untergebracht. Seit jenem Sommer ist für diese Frau und 18 andere Mitbewohner ein Traum in Erfüllung gegangen. Sie leben nun gemeinsam im alten Kaufmannshof Weingarten 22. Sie tauschen sich aus, haben Freunde gefunden, unternehmen vieles gemeinsam, treffen sich in den gemütlichen Gruppenräumen. Betreutes Wohnen heißt das Konzept, das eine weit gehende Selbständigkeit erhält. Wie wurde dies möglich?

Kein Geheimnis!

Auf die Frage, was das Geheimnis dieses geglückten Ineinandergreifens von moderner Architektur und denkmalgerechter Nutzung sei, sind sich die beteiligten Architekten und Bauherrn einig: Es sei eigentlich eine Binsenweisheit, auf die aber in der Praxis selten geachtet werde: Ein solches Projekt ist theoretisch kein Problem, aber praktisch explodieren deshalb oft die Kosten und machen es undurchführbar, weil man sich vor der Bauphase

keine Zeit nehme, sich gemeinsam an einen Tisch zu setzen. Das heißt, man muss die Zeit weniger in der eigentlichen Bauphase einplanen, sondern lange vor Baubeginn, in der Planungsphase. Und man muss sich einig sein. Das Besondere besteht im Weingarten 22 darin, dass der künftige Nutzer vor Beginn der Sanierung bereits feststand. So konnte man dessen besondere Anforderungen bereits bei den Entwürfen berücksichtigen – und nur dadurch wurden enorme Kosten gespart. Im Weingarten 22 konnte ein altes Vorurteil widerlegt werden, das behauptet, denkmalgerechte Sanierungen seien grundsätzlich teuer und würden nicht selten jeden realistisch rechnenden Bauherrn finanziell ruinieren.

Eine geglückte Symbiose

Jahrelang bot der Kaufmannshof ein Bild des Jammers. Das Gebäudeensemble im Weingarten 22, einer Parallelstraße zur Marktstraße, stand einsturzgefährdet mehrere Jahre lang leer. Etliche Stimmen wurden laut, das entlang der Straße aus drei Fachwerkhäusern bestehende Ensemble trotz seines bauhistorischen Wertes abzureißen.

Viele Passanten konnten keinen Blick mehr für die baulichen Besonderheiten entwickeln, die die drei Fachwerkhäuser künstlerisch und städtebaulich so wertvoll machen. Auf einem Sockel aus Bruchstein hatte man im späten 16. Jahrhundert in Fachwerktechnik das Erdgeschoss errichtet. Darüber kragt das Obergeschoss weit vor und wird bei allen drei Häusern in der gleichen Art dekoriert, nämlich mit den bekannten doppelten Schiffskehlen, mit zylinderförmigen Balkenköpfen und Kerbschnittrosetten (s. Fotos folgende Seite). Vermutlich wurden die drei Häuser als Handwerkerhäuser errichtet. Das erste dominiert mit seinem hohen Dach den Straßenraum im Weingarten, wenn man sich vom Markt her kommend nähert. Zusätzlich wird dieses erste Haus durch ein hohes Zwerchhaus betont, das über der großen Tordurchfahrt vorkragt. Im Rokoko entstand überdies in der Durchfahrt eine kostbare Eingangstür mit Schnitzereien – auf diesen Fotos nicht zu sehen. Das Fachwerk war ursprünglich mit Lehmstakung ausgefacht, die wahrscheinlich im 18. und 19. Jahrhundert durch Ziegel ersetzt wurde. Jedes dieser drei Häuser wurde vom Hof her eigens erschlossen, im Inneren sind sie allerdings miteinander verbunden.

Wie so oft bestand das Problem in der zukünftigen Nutzung. Normalerweise ist es nahezu unmöglich, für ein einsturzgefährdetes, leerstehendes Haus einen Nutzer zu finden, denn kaum jemand vermag die Fantasie und das Geld aufzubringen, sich in einer leer stehenden Ruine eine Perle der Fachwerkkunst vorzustellen. Selbst in Quedlinburg, wo der Beispiele hunderte zu sehen sind, vergisst man als Besucher, wie sich ein schmuckes Fachwerkhaus vor seiner Sanierung darbot. In diesem Falle wurde das Haus in das Eigentum der Deutschen Stiftung Denkmalschutz gegeben, die als Garant dafür steht, das Anwesen denkmalgerecht zu nutzen.

Im Weingarten boten viele Menschen gemeinsam ihre Hilfe an, weil sie die Idee überzeugte. Mehrjährige Gespräche und

Durch das Durchfahrtstor gelangt man in den weitläufigen Innenhof (folgende Seite) des Kaufmannshofs im Weingarten 22. Das Zwerchhaus über der Tordurchfahrt wurde 1780 im klassizistischen Stil an das bestehende Gebäude von 1597 angefügt.

Eine lichtdurchflutete Laubenganggalerie aus Glas und Holz wurde im Jahr 2001 vor die drei nebeneinander stehenden alten Fachwerkhäuser geblendet. Von dort sind die abgeschlossenen Wohneinheiten bequem zugänglich.

Die ältesten Fachwerkdetails am Bautenensemble Weingarten 22 sind 400 Jahre alt. Sie wurden von örtlichen Handwerkern restauriert. Einen besonderen Schmuck der Fassade am Weingarten bilden die doppelten Schiffskehlen, die zylinderförmigen Balkenköpfe, Kerbschnittrosetten und zusätzliche Knaggen.

eine enge Zusammenarbeit mit den beiden Service-Clubs der Lions und Rotarier ergaben phantasievolle Informationsveranstaltungen und eine bundesweite Sammelaktion. Öffentliche Fördermittel kamen aus unterschiedlichen »Töpfen« hinzu, nicht zu vergessen die Mittel aus der Lotterie GlücksSpirale. Schließlich führte eine gute Planung zu dem Ergebnis, dass die Fachwerkhäuser mit insgesamt rund zwei Millionen Euro saniert werden konnten. Am 4. Juli 2002 war es dann soweit: Der Verein *Lebenshilfe Werkstätten, Wohnheime und Bildung im Landkreis Quedlinburg* erhielt den symbolischen Schlüssel. Seitdem wirkt die Quedlinburger Mischung aus kulturellem und sozialem Engagement im Baudenkmal als Vorbild für betreutes Wohnen.

Hier wurde einmal mehr gezeigt, dass sich soziale Verträglichkeit und Denkmalpflege keineswegs widersprechen, sondern sogar eine spezielle Nutzung, die besondere Ansprüche an den Innenausbau und die technische Ausstattung stellt, in historischen Gebäuden möglich ist. Außerdem wurde modellhaft vorgeführt, wie man eine einzigartige Altstadt wie Quedlinburg beleben kann, nämlich nicht durch Ausgrenzung von Menschen vor der Stadt, sondern durch Integration in das soziale Gefüge. Nur wenn in einer alten Stadt auch Menschen wohnen und leben, können Städte langfristig überleben.

Wenn die Bewohner des Kaufmannshofs in Gesprächen ihren Alltag schildern, betonen sie, wie froh sie darüber sind, dass sie glücklicherweise nicht in einem Neubau »auf der grünen Wiese« vor der Stadt untergebracht wurden, wo sie auf öffentliche Verkehrsmittel angewiesen und damit praktisch vom lebendigen, fußläufigen Stadtleben ausgeschlossen gewesen wären.

Auch dies ist kein Geheimnis – und für wirtschaftlich denkende Menschen ein wichtiges Argument: Jeder in die Denkmalpflege investierte Euro löst weitere Investitionen aus, hilft der Stadt, gibt den Handwerkern vor Ort Arbeit und bringt Geld in Umlauf. Denn wenn in einer Straße mit maroden Wohnhäusern eines der Gebäude saniert wird, steigt normalerweise bald der Wert der gesamten Straße. Das erste sanierte Haus strahlt nämlich als Vorbild auf andere aus und zieht weitere Sanierungswünsche nach sich. Viele Wohnhäuser in Quedlinburg verdanken ihr Überleben einer ersten Idee von einem Bürger, der etwas tun wollte. Durch den ersten Hoffnungsschimmer erkannten wiederum andere, dass jeder Einzelne etwas bewirken kann, wenn er nur versteht, seine gute Idee in die Tat umzusetzen.

Die erste Jugendbauhütte Europas entstand in Quedlinburg

Pölle fünf

Nur für ein Haus, das wirklich lebt! Das war die selbst gestellte Bedingung des Ehepaares Linhard aus Braunschweig bei der Überlegung, die Rettung eines Baudenkmals finanziell zu unterstützen. Wenn im Frühjahr 2004 im Hof des inzwischen nach den Stiftern benannten Linhard-Hauses in der Pölle sechs Augenpaare von jungen Leuten konzentriert auf Stechbeitel und Klöpfel schauen, während die Späne des mächtigen Deckenbalkens fliegen, dann kann man in der Tat von einem Haus sprechen, das lebt! Gerettet und restauriert hat das 340 Jahre alte Haus die Deutsche Stiftung Denkmalschutz. Die Jugendbauhüttler haben im Rahmen der Seminare mit angepackt, und das Stifter-Ehepaar sorgt für die langfristige Instandhaltung.

Ein geglücktes Projekt, für alle Beteiligten! Es begann am 1. September 1999 in Quedlinburg als Experiment und konnte seitdem an sieben weiteren Orten fortgeführt werden: Die so genannten Jugendbauhütten. Im September 2001 wurden drei weitere Jugendbauhütten eingerichtet: in Wismar (Mecklenburg-Vorpommern), Romrod (Hessen) und Rheinberg/Raesfeld (Nordrhein-Westfalen). Zwei Jahre später,

Das Linhard-Haus in der Pölle 5 ist seit 2003 wieder mit Leben gefüllt. Die jungen Erwachsenen des Projekts Jugendbauhütte Quedlinburg identifizieren sich mit ihrer »Pölle 5«, einem Barockhaus von 1663. Sie halfen drei Jahre lang mit, das Haus zu sanieren.

In gemeinsamer Handarbeit entsteht ein Haus in Holz- und Fachwerktechnik. Wer hier mitschleppt, hämmert, sägt und beilt, sieht Fachwerkhäuser mit anderen Augen. Die Jugendbauhüttler haben sich an verschiedenen Arbeiten am Haus Pölle 5 beteiligt. So haben sie etwa die Zimmer in Lasurtechnik farblich gefasst, den Bike-Port errichtet und Altfliesen von Mörtelresten befreit.

2003, begannen die Jugendbauhütten in Görlitz (Sachsen) und Mühlhausen (Thüringen) sowie eine deutsch-polnische Jugendbauhütte in Stralsund (Mecklenburg-Vorpommern) ihre Arbeit. Im Jahr 2004 wird die achte Jugendbauhütte in Berlin-Brandenburg vorbereitet.

Ein soziales Anliegen

Am Anfang stand eine gesellschaftspolitische Idee, der kaum jemand eine Zukunft gab. Denn wer hatte etwas davon, und wer sollte dafür das Geld geben? Die Idee war aus der täglichen Praxis heraus geboren. Wie könnte man junge Menschen an das vermeintlich staubtrockene Thema Denkmalpflege heranführen?

Um die junge Generation für alte Handwerkstechniken zu begeistern, ist die praktische Vermittlung ein überzeugender Weg. Durch die handwerkliche Erfahrung bei der Aufarbeitung historischer Materialien, wie beispielsweise alter Holzfenster, kann man sinnlich nachvollziehen, warum es so wichtig ist, die originalen Bauteile in einer Stadt wie Quedlinburg zu erhalten, anstatt sie durch neue zu ersetzen. Denn schlussendlich haben verfallende Stadtbilder und handwerkliche Perspektivlosigkeit viel miteinander zu tun.

Um jungen Menschen das Anliegen der Denkmalpflege näher zu bringen, gründete die Deutsche Stiftung Denkmalschutz 1999 in Quedlinburg die erste Jugendbauhütte. Seitdem beginnen dort jedes Jahr im September junge Menschen ein Freiwilliges Jahr in der Denkmalpflege, ein FJD. Dieses ist gesetzlich mit dem Freiwilligen sozialen Jahr gleich gesetzt und kann inzwischen als Ersatz für den Zivildienst angerechnet werden. Deshalb ist die Teilnahme an den Seminaren Pflicht und gilt als Arbeitszeit. Besondere Schulabschlüsse oder Ausbildungen werden nicht verlangt, lediglich die Schulpflicht muss vor dem FJD abgeschlossen sein.

Verbindung von Theorie und Praxis

Ähnlich wie in einer mittelalterlichen Bauhütte gehen hier Theorie und Praxis, Arbeit und Alltag eine selbstverständliche Symbiose miteinander ein. Die Praxis sieht so aus:

Jeder der jungen Erwachsenen wird in einem anderen Betrieb untergebracht. So arbeiten manche in einem Architektur- oder Planungsbüro, andere bei einer Behörde der Denkmalpflege und Bodendenkmalpflege, wieder andere in einem Verein, in Museen und anderen kulturellen Einrichtungen sowie in Handwerksbetrieben, bei Tischlern, Maurern, Restauratoren, Stukkateuren oder Steinmetzen.

Und die Theorie sieht so aus: Das FJD wird im Auftrag der Deutschen Stiftung Denkmalschutz durch die Internationalen Jugendgemeinschaftsdienste e.V. (ijgd) als pädagogischem Träger durchgeführt. Die ijgd organisieren das Einführungs- und Abschlussseminar. Während des Jahres werden in Zusammenarbeit mit dem Deutschen Fachwerkzentrum Quedlinburg e.V. (s. S. 126) in der Blasiistraße 11 Seminare durchgeführt.

Sieben Seminarwochen finden über das Jahr verteilt statt. In den Seminaren werden Themen behandelt wie beispielsweise Stil- und Materialkunde, Forschungs- und Arbeitsmethoden, Kunstgeschichte, Grundlagen der Denkmalpflege sowie die Bedeutung des europäischen Kulturerbes. Schwerpunkte der sieben Seminarwochen bilden Themen wie diese: Die Theorie des Lehmbaus und andere Handwerkstechniken, Bauen mit Naturmaterialien (wie Naturfarbe oder ökologische Wärmedämmung), Baustilkunde, Denkmalpflege und Bauphysik sowie die Nutzung von regenerativen Energien.

Goldstraße 25

Abgesehen von dieser inhaltlichen Konzeption wuchs bei den Teilnehmern schon früh der Wunsch, an einem eigenen Objekt zu arbeiten und das Ergebnis in der Stadt konkret zu zeigen. Da bot sich ein Objekt an. Jahrelang stand in der Goldstraße 25 ein barockes, trostlos weiter verfallendes Fachwerkhaus leer. Das Haus galt vielen Anwohnern als Schandfleck an der Kreuzung Schmale Straße/Goldstraße, und es sah tatsächlich aus, als wäre es nicht mehr zu retten. Diese Haus war bereits der letzte Rest eines stattlichen Baukomplexes, der aus diesem Wohnhaus, einem zusätzlichen Hofgebäude und einem Seitenflügel bestanden hatte. Diese Teile waren wegen ihrer Baufälligkeit 1989 abgerissen worden. Und genau dieses Haus, das keiner mehr haben wollte, war als Praxisobjekt ideal für die Jugendbauhüttler. Es war nicht schwer, dieses Gebäude zur Verfügung gestellt zu bekommen, denn an ihm schien kaum noch etwas zu verderben zu sein. Die Stadt war froh um jedes Haus, das denkmalge-

Zur Eröffnung ihres Domizils in der Pölle 5 pflanzten die Jugendbauhüttler am 1. September 2003 einen Apfelbaum. Vorher war »Action« angesagt: Die Gefache wurden mit Lehmwickeln und Staken ausgefüllt, Stuhlsitze geflochten, Möbel restauriert, Räume saniert. Außerdem wurde ein eigener Formsteinofen in traditioneller Technik gebaut, in dem Brot gebacken wird.

Bevor man mit dem Bauen beginnt, ist es nötig, die Materialien Holz und Stein zu bearbeiten. Beim Steinbearbeitungsseminar zeigen Steinmetzen, wie man mit einfachen Werkzeugen, Geschick, Augenmaß und Übung einen Quader haut. Stunden vergehen und Muskeln schmerzen, bevor ein Stein fertig ist. Dabei ist dies nur ein einziger Stein, von dem man viele braucht, um einen Sockel für ein Fachwerkhaus zu mauern.

recht saniert werden sollte. So begannen sechs Teilnehmer der Jugendbauhütte im Jahr 2000, am eigenen Objekt praktische Erfahrungen zu sammeln. Seitdem entwickelt sich die Goldstraße 25 allmählich zu einem Schmuckstück des Platzes. Und zugleich gilt das Haus schon heute als Synonym für die soziale Integration junger Menschen in einer strukturschwachen Region. Zur späteren Erinnerung bilden wir das Haus auf der rechten Seite oben in einem Zwischenzustand ab.

Mit der Goldstraße war jedoch nicht das Problem gelöst, wo die Teilnehmer der Jugendbauhütte gemeinsam wohnen und sich aufhalten könnten.

Dauerhafte Pflege

In dieser Situation konnte die Deutsche Stiftung Denkmalschutz das Ehepaar Linhard für das Projekt gewinnen. Zunächst betrieb die Stiftung, unterstützt durch das Bundesprogramm Städtebaulicher Denkmalschutz, die denkmalgerechte Sanierung des Hauses Pölle 5. Nach der erfolgreichen Wiederherstellung des Barockhauses sorgt in Zukunft die Linhard-Stiftung für die laufenden Unterhaltskosten des Gebäudes – wie eine Pflegeversicherung für ein Haus. Die Linhard-Stiftung verhindert, dass das restaurierte Gebäude jemals wieder vom Einsturz bedroht sein wird. Die Stifter waren so begeistert von dem Projekt, dass sie sich zusätzlich durch Spenden an der Wiederherstellung beteiligten.

Inzwischen bildet das Haus Pölle 5 das Zentrum und die Anlaufstelle für alle Quedlinburger Jugendbauhüttler. Denn hier gibt es außer einer Werkstatt und einer Bibliothek auch Unterkunfts- und Aufenthaltsräume. Hier wird gemeinsam gekocht, geputzt und der nächste Tag besprochen. Außerdem sind die Räume so aufgeteilt, dass auch Seminare stattfinden können.

Wer tagsüber Balken hobelt, Lehmziegel formt, Gefache verputzt, Steine bearbeitet und Fensterrahmen abschleift, der will Abends nicht alleine vor dem Fernseher sitzen. Deshalb sind die Stundenpläne der Jugendbauhüttler so organisiert, dass auch am Abend noch ein künstlerisches Programm stattfinden kann. Die gemeinsamen Treffen und Veranstaltungen in der Pölle 5 schätzen die Teilnehmer deshalb so sehr, weil sie ihnen helfen, sich als Gruppe mit gemeinsamen Interessen zu fühlen und sich über die täglich neu gewonnenen Eindrücke und Themen auszutauschen.

Abends geht es um keine geringeren Fragen als die, wie man das in dem einen Jahr Erlernte und die Erfahrungen mit sich selbst, den Materialien und den eigenen handwerklichen Fähigkeiten und Begabungen für eine spätere Berufsausbildung oder ein Studium nutzen kann, wo man sich danach bewerben und wer einem weiter helfen kann. Denn das FJD versteht sich keineswegs als Ausbildung, sondern als Orientierungshilfe, als Hilfe zur Persönlichkeitsentfaltung und als soziales Übungsfeld. Darin befindet man sich in guter Quedlinburger Tradition, denn von hier gingen auch die reformpädagogischen Ansätze von GutsMuths aus (s. S. 134).

Es hat sich bereits gezeigt, dass die Teilnehmer nach dieser einjährigen Orientierungsphase wegen ihrer qualifizierten Vorkenntnisse größere Chancen haben, einen Ausbildungsplatz zu finden. Denn diese Vorqualifikation kommt den Ausbildungsbetrieben entgegen, da diese an Bewerbern interessiert sind, die wissen, was sie in dem jeweiligen Handwerk erwartet.

So ging es auch Marie-Anne aus Nantes, für die sich die Jugendbauhütte Quedlinburg als Sprungbrett erwies. Als erste ausländische Jugendbauhüttlerin hatte sie vorher verzweifelt nach einem Ausbildungsplatz als Tischlerin gesucht. Über die ijgd als pädagogischem Träger der Jugendbauhütten erfuhr sie davon und gehörte zu den Glücklichen, die einen Platz bekamen. Denn leider gibt es weitaus mehr Anfragen als Plätze. Dies liegt am fehlenden Geld, denn die Jugendbauhütten sind wesentlich auf Spenden angewiesen. Um weiteren Jugendlichen eine Chance zu geben, hat die Deutsche Stiftung Denkmalschutz einen Gemeinschaftsfonds initiiert, aus dessen Erträgen die Arbeit gefördert wird. Marie-Anne fand wie viele andere Teilnehmer mit den in Quedlinburg gewonnenen Erfahrungen einen Ausbildungsplatz in ihrem Traumberuf. Inzwischen hat sie ihre Gesellenprüfung absolviert und eine Arbeit, die sie fordert und Freude macht.

Ähnliche Geschichten könnten auch von anderen Jugendlichen berichtet werden, die in der Denkmalpflege auf diese Weise »einmal Lunte gerochen« haben – wie Philipp es formuliert. Der Leiterin der Quedlinburger Jugendbauhütte, Silke Strauch, kam deshalb die Idee mit den Berichten: Was die Jugendlichen in ihrer »Hütte« erleben, das wird jedes halbe Jahr gesammelt und dem Stifterpaar Linhard als kleines Dankeschön überreicht, damit sie aus der Ferne daran teilhaben können, wie »die Pölle fünf« lebt.

Ebenso lebendig werden 340 Jahre Hausgeschichte, wenn das Haus selber zu erzählen beginnt. Auf der Stockwerkschwelle über dem Erdgeschoss ist zu lesen, wer es für sich im Jahr 1663 baute. Es war der Goldschmied Ernst Fels aus der Steiermark. Er errichtete es gemeinsam mit seiner Frau Barbara Kerstens aus Eisleben. Das Ehepaar holte sich dafür einen erfahrenen Quedlinburger Baumeister, den 1628 in der Neustadt geborenen Andreas Schröder. Ihm verdanken wir zwanzig weitere Fachwerkhäuser, die er zwischen 1656 und 1672 baute. Pölle fünf war sein siebtes Haus – also ein Glücksfall.

Das Haus Goldstraße 25 wird systematisch saniert. Das Foto zeigt den Baustellenzustand nach Ausbau der Fenster zu Beginn des Jahres 2001.

Auch Archäologische Ausgrabungen in der Umgebung bieten Erfahrungsmöglichkeiten für die Teilnehmer der Quedlinburger Jugendbauhütte.

Wer die Arbeit der Jugendbauhütten unterstützen möchte, kann dies durch eine Zustiftung zum Gemeinschaftsfonds Jugendbauhütten tun:

Konto-Nr. 265 50 07 10
Dresdner Bank AG
BLZ 370 800 40

Blasiistraße 11 – hier erhalten Bürger Rat und Hilfe

Das Deutsche Fachwerkzentrum Quedlinburg

Das Deutsche Fachwerkzentrum liegt in der Altstadt, gegenüber von St. Blasii. Eine Reihe von sieben Kreuzstockfenstern mit weißen Holzrahmen gliedert die grau-rote, siebenachsige Fassade. Die mit Backsteinen gefüllten Gefache wurden mit handwerklichem Geschick in ganz unterschiedlichen Mustern ausgeführt. Das große Tor wurde als Durchfahrt für Wagen gebaut.

Einfach neugierig hineingehen, warum nicht? Das Besondere an Quedlinburg ist für auswärtige Besucher, dass zahlreiche von den denkmalgerecht sanierten Häusern öffentlich zugänglich sind. An der Südwestseite des Marktes, vorbei an St. Blasii, verbindet die schmale Blasiistraße den Marktplatz mit der Hohen Straße. Dort erblickt man auf der linken Straßenseite ein auffallend stattliches Fachwerkhaus, das an Werktagen mit seinem geöffneten Tor zum Eintreten einlädt. Dieses Haus will für die Bürger offen sein, denn es versteht sich als Anlaufstelle für alle Fragen rund um das Thema Ökologie und Sanierung von Fachwerkhäusern. Das Deutsche Fachwerkzentrum Quedlinburg e.V. steht den vielen privaten Hausbesitzern mit Rat und Tat zur Seite, wenn es darum geht, Sanierungsfehler an den noch weitgehend erhaltenen Originalen zu vermeiden. Hier können sich Bürger, Bewohner und Fachleute aus allen Bau- und Planungsbereichen über umweltfreundliche und dabei denkmalgerechte Sanierungsverfahren informieren.

Ein Denkmal für Denkmale

Diese Servicestelle konnte in den Jahren 1998/1999 dank mehrerer Geldgeber und Förderer in der Blasiistraße 11 eingerichtet werden. Dazu zählten neben der Deutschen Stiftung Denkmalschutz unter anderem das Land Sachsen-Anhalt, das Landesamt für Denkmalpflege, die Nord LB/Mitteldeutsche Landesbank und die Deutsche Bundesstiftung Umwelt. Am 29. November 2002 wurde der Verein »Deutsches Fachwerkzentrum Quedlinburg e.V.« gegründet. Seitdem stehen seine Mitarbeiter für Seminare zur Verfügung und bauen seit kurzem auch eine öffentlich zugängliche Fachbibliothek auf.

Im Fachwerkzentrum arbeiten 18 Personen in unterschiedlichen Projekten. Im Vorderhaus sitzt ein Bauforscherteam, das bereits einige Quedlinburger Fachwerkhäuser untersucht und dokumentiert hat, unter anderem den ältesten profanen Steinbau, die Hölle 11. Außerdem werden im Rahmen einer Forschungsarbeit die unterschiedlichen Bauphasen des barocken Residenzschlosses Stolberg im Harz bestimmt und kartiert. Dieses wertvolle Schloss befindet sich in der Obhut der Deutschen Stiftung Denkmalschutz, die auf diesem Wege vor dem Verfall bewahrte. Im hof-

Blick vom Innenhof auf das straßenseitige Hauptgebäude und die Tordurchfahrt auf die Blasiistraße.

Für eine genauere Datierung des Hauses kann man die Details mit anderen Häusern vergleichen. So zeigen hier die Balkenebenen jeweils ein Gurtprofil. Die Balkenköpfe und die Füllhölzer wurden in gleicher Weise profiliert, sind aber noch einzeln erkennbar. Diese Bauweise hat man in Quedlinburg zum ersten Mal am Haus in der Breite Straße 31 aus dem Jahr 1709 festgestellt und letztmalig 1729 am Haus Mühlenstraße 5. Dieses Gebäude ist vermutlich in der Zeit dazwischen entstanden, wohl um 1720.

seitigen Seitenflügel des Hauses (s. Foto oben) informiert eine Ausstellung über ökologische Baustoffe und deren Anwendung in der Praxis. Hier werden bereits erfolgte vorbildliche Sanierungen an Modellen dargestellt und erläutert. Außerdem kann sich im Fachwerkzentrum jeder Interessierte über umweltfreundliche Bauprodukte beraten lassen.

In der ehemaligen Scheune sind in drei Stockwerken die Werkstätten der Maurer, Tischler und Maler untergebracht, in denen Jugendliche und ein Auszubildender im Tischlerhandwerk die wertvollen Fenster und Türen des Praxisprojekts Jugendbauhütte in der Goldstraße 25 (s. S. 123) restaurieren.

Meist geht es im Fachwerkzentrum lebendig und handfest zu, etwa wenn begeisterte Studierende von Fachhochschulen an Lehmbau- und Fachwerkseminaren teilnehmen oder wenn die Jugendbauhüttler in praktischen Kursen in den Werkstätten Erfahrungen sammeln (s. S. 122). Wie die Jugendbauhütten so versteht sich auch das Deutsche Fachwerkzentrum als ein Ort der Begegnung für Menschen aus verschiedenen europäischen Ländern.

Von der Blasiistraße zeigt sich das stattliche Barockhaus als dreigeschossige Fachwerkkonstruktion, die seit der Sanierung 1999 wieder in der originalen Farbigkeit mit roten Backsteingefachen und grauen Holzbalken erscheint. Das hohe Satteldach mit dem mittleren, zweiachsigen Zwerchhaus stammt übrigens nicht aus der Bauzeit, sondern wurde später errichtet. Auch die zweigeschossigen Hofseitenflügel (Foto oben) und das Scheunengebäude wurden erst im Laufe des 18. Jahrhunderts hinzu gefügt. Das stattliche straßenseitige Hauptgebäude entstand um 1720. Auf diese Zeit verweisen die baulichen Details wie etwa der enge Rhythmus der Ständer, der Wechsel zwischen Fensterfeldern und schmalen Wandfeldern bei einer geringen Vorkragung der Balkenlagen und die variantenreiche Ziegelausfachung.

Die behutsame Sanierung des Anwesens erfolgte unter weitestgehender Wahrung der originalen Bausubstanz und Ausstattung. So konnten etwa die Dielenfußböden und die barocken Füllungstüren aufgearbeitet werden. Die Türen zeigen reich profiliertes Türfutter und Türflügel mit Schmiedebeschlägen, Kastenschlössern und Knäufen. Wo sich 1720 die Wohnräume, Ställe, Lager und Speicher befanden, wurden 1999 Büros, Seminarräume, Archive, die Werkstätten für die Handwerker und eine Hausmeisterwohnung eingerichtet. So arbeiten heute die Mitarbeiter des Deutschen Fachwerkzentrums Quedlinburg e.V. in einem Denkmal für Denkmale.

Eine breite gepflasterte Toreinfahrt mit einem zweiflügeligen Holzportal erschließt das Vorderhaus und die Gebäude im Innenhof des barocken Fachwerkhauses Blasiistraße 11. Die beiden Abweisersteine aus Granit sind Originale aus dem frühen 18. Jahrhundert.

Dorothea Erxleben, erste promovierte Ärztin in Deutschland

Grund zum Stolz?

Gedenktafel für die Ärztin Dorothea Christiana Leporin, verheiratete Erxleben, im Steinweg 51. Die Ärztin starb 1762 mit 46 Jahren nach kurzer Krankheit »an einer Verblutung so ein gefährlicher Schade(n) an der Brust verursacht« hat, also vermutlich an Tuberkulose oder Brustkrebs. An ihrem Todestag verfasste sie noch ihr Testament, das im Magdeburger Staatsarchiv erhalten ist.

Wütend dürfte sie oft gewesen sein. Um dies zu behaupten, bedarf es keines besonderen psychologischen Einfühlungsvermögens. Was würde sie wohl davon halten, dass sie posthum allenthalben als Vorzeigefrau zitiert wird? Zu Lebzeiten wollte man(n) sie nicht in die Universität Halle hinein lassen. Da half auch kein Beweis ihrer außerordentlichen anatomischen und medizinischen Kenntnisse. Nicht einmal die praktischen Erfahrungen der Arzttochter konnten die Professoren damals überzeugen. Die 1715 in Quedlinburg geborene Dorothea Christiana Leporin gehörte nun einmal zu jenen 50 Prozent der Menschen, denen die anderen 50 Prozent unterstellten, ein akademischer Beruf sei gegen ihre Natur. Und das sollte noch viele Generationen so bleiben. Erst 1908 wurden Frauen an Preußens Universitäten für ein Medizinstudium zugelassen.

Vielleicht war es die Wut, die sich irgendwann in Trotz und Hartnäckigkeit wandelte, bis es ihr der preußische König Friedrich II. nach Gesuchen persönlich gestattete, ihre Doktorarbeit vor den hohen Herren zu verteidigen. Erst als man die praktizierende Ärztin anzeigte und ihr mit Berufsverbot drohte, legte sie mit 39 Jahren schließlich am 6. Mai 1754 als erste Frau in den deutschen Ländern ihr Promotionsexamen ab – mit Erfolg. Bis dahin hatte sie sich unter den Kollegen einige Feinde gemacht, während heute universitäre Frauenförderprogramme, Schulen und die Quedlinburger Klinik ihren Namen tragen.

1740 formulierte sie scharfsinnige Argumente für das Studium von Frauen, die sie zwei Jahre später veröffentlichte und die trotz ihrer Logik keine sozialen und politischen Veränderungen bewirkten. Sie schrieb:

»Die Verachtung der Gelehrsamkeit zeigt sich besonders darin, dass das weibliche Geschlecht vom Studieren abgehalten wird. Wenn etwas dem größten Teil der Menschheit vorenthalten wird, weil es nicht allen Menschen nötig und nützlich ist, sondern vielen zum Nachteil gereichen könnte, verdient es keine Wertschätzung, da es nicht von allgemeinem Nutzen sein kann. So führt der Ausschluss vieler von der Gelehrsamkeit zu ihrer Verachtung. Dieses Unrecht ist ebenso groß wie dasjenige, das den Frauen widerfährt, die dieses herrlichen und kostbaren Gegenstandes beraubt werden.«

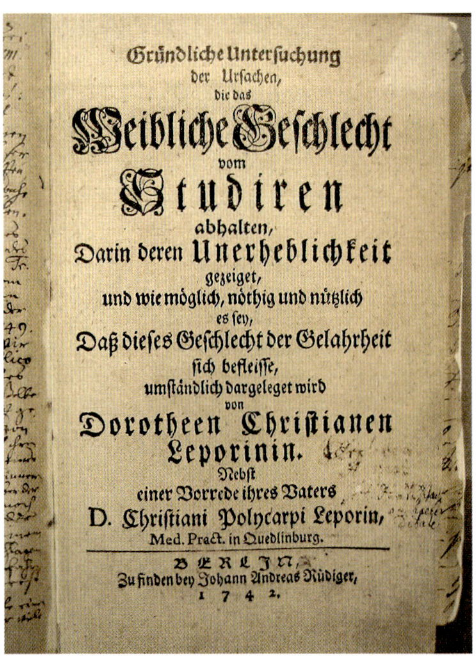
Gründliche Untersuchung
der Ursachen,
die das
Weibliche Geschlecht
vom
Studiren
abhalten,
Darin deren Unerheblichkeit
gezeiget,
und wie möglich, nöthig und nützlich
es sey,
Daß dieses Geschlecht der Gelahrheit
sich befleisse,
umständlich dargeleget wird
von
Dorotheen Christianen
Leporinin.
Nebst
einer Vorrede ihres Vaters
D. Christiani Polycarpi Leporin,
Med. Pract. in Quedlinburg.
BERLIN,
Zu finden bey Johann Andreas Rüdiger,
1742.

Im Alter von 27 Jahren widerlegte Dorothea Christiana Leporin 1742 in ihrem Buch die verbreiteten (Vor-)Urteile, warum Frauen nicht studieren könnten. Das Buch trägt in barocker Ausführlichkeit den Titel »Gründliche Untersuchung der Ursachen, die das weibliche Geschlecht vom Studiren abhalten, darin deren Unerheblichkeit gezeiget, und wie möglich, nöthig und nützlich es sey, daß dieses Geschlecht der Gelahrheit sich befleisse«.

Glücklicherweise gab es Menschen, die ihre Begabung erkannten. Dorothea wurde als Kind gemeinsam mit dem älteren ihrer beiden jüngeren Brüder vom Vater unterrichtet. Dieser förderte seine Tochter ebenso wie ein Freund der Familie, der Rektor des Quedlinburger Gymnasiums Tobias Eckhard, der ihr externen Unterricht erteilte. Eckhard ermutigte sie auch zu promovieren. Dorothea begleitete ihren Vater bei Krankenbesuchen und arbeitete in seiner Arztpraxis. Trotz gleicher Ausbildung wie ihr Bruder durfte aber nur er sich 1740 an der Universität Halle einschreiben.

Als ihr der König das Studieren erlaubte, kam der Krieg dazwischen: Ihr Bruder entzog sich dem Einberufungsbefehl zum ersten schlesischen Krieg durch Flucht, was für Dorothea bedeutete, wieder nicht

Im Erxlebenhaus – das eigentlich Leporinhaus heißen sollte – im Steinweg 51 wurde Dorothea Christiana Leporin 1715 geboren. Sie war die Tochter des Arztes Dr. Christian Polycarpus Leporin. Dorothea lebte mit ihrem Mann, dem Diakon Johann Christian Erxleben, und den Kindern im Diakonat der Nikolaikirche, Kaplanei 10 (hier ohne Foto).

Der Steinweg 51 gehört heute der Dorothea-Erxleben-Klinik, die sich in den vergangenen Jahren große Verdienste um die Restaurierung dieses Geburts- und Sterbehauses der ersten promovierten Ärztin Deutschlands erworben hat. Das Haus beherbergt ein Hotel Garni.

an die Uni gehen zu können, da sie sich allein nicht traute. Als ihre Cousine starb und fünf Kinder hinterließ, kümmerte sich Dorothea um sie und heiratete ein Jahr später mit 26 Jahren den Witwer, den Diakon Johann Christian Erxleben. Gemeinsam bekamen sie vier weitere Kinder. Wie mag der Tagesablauf dieser Frau mit neun Kindern ausgesehen haben? Die älteren konnten ihr helfen, und Dorothea arbeitete auch ohne Approbation als Ärztin weiter. Sie behandelte oft arme Menschen, vor allem Frauen und Kinder. Durch ihre fachlichen und menschlichen Fähigkeiten stieg sie bald zu einer Leibärztin der Äbtissin auf.

Und was wurde aus ihrer Dissertation? Die schrieb sie – unter großem Druck. Denn als eine ihrer Patientinnen starb, witterten die Herren Arztkollegen in Quedlinburg ihre Chance und beschuldigten die beliebte Kollegin in einem Beschwerdebrief vom 5. Februar 1753 der Pfuscherei. Zu diesem Zeitpunkt war Dorothea hochschwanger. Sie wartete die Niederkunft ab und überreichte dem Stiftshauptmann am 6. Januar 1754 ihre Dissertation. Die Arbeit trug den Titel »Academische Abhandlung von der gar zu geschwinden und angenehmen, aber deswegen öfters unsicheren Heilung der Krankheiten«.

Literaturtipp: Heinz Böhm (Hrsg.): Dorothea Christiane Erxleben, ihr Leben und Wirken. Städtische Museen Quedlinburg 1985.

Die Autorin dankt Brigitte Meixner und Gerta Beaucamp für viele fachliche Informationen.

Das Geburtshaus von Friedrich Klopstock am Schlossberg

Der Dichter als Seher und Erzieher

Friedrich Gottlieb Klopstock wurde 1724 im Haus am Schlossberg 12 geboren und verlebte dort seine Kindheit. Das Portrait des 26-jährigen Klopstock schuf J. C. Füßli 1750 (Öl auf Leinwand). Seit 1899 beherbergt das Haus ein Museum zum Werk und Wirken dieses Begründers der klassischen deutschen Literatur und weitere Ausstellungen.

Dieses Museum saugt den Besucher regelrecht ein und lässt ihn die Zeit vergessen – immer vorausgesetzt, man bringt grundsätzlich ein bisschen Neugier mit auf die Kultur, Literatur und Politik einer aufregenden und wegweisenden Zeit, auf das späte 18. Jahrhundert. Wer sich in diesem Museum Zeit gönnt, wird sich bereichert fühlen, denn das Wesentliche erschließt sich nun einmal nicht im Vorübergehen.

Das Klopstockhaus ist ein Museum zum Schauen, nicht zum Hindurchrennen. Das ist nur folgerichtig. Denn schließlich war es Friedrich Gottlieb Klopstock, der sprachliche Wegbereiter für Empfindsamkeit, Sturm und Drang, der in diesen Räumen am 2. Juli 1724 als Sohn eines Advokaten geboren wurde. Auch Klopstock gab sich niemals zufrieden mit dem Vordergründigen, schnell Erfassbaren – Langweiligen. Er sah sich zeitlebens als ein Suchender, ein mit sich Ringender. Als Theologe und Dichter suchte er mittels seiner besonderen Begabung, dem sprachlichen

In den Vitrinen des Klopstockhauses sind Gegenstände aus dem persönlichen Besitz der Schriftstellers zu sehen.

Ausdrucksvermögen, das innere Erleben jenseits des Alltags zu fassen. Vor den Augen des Lesers lässt Klopstock eine eigene, vom Alltag abgehobene Sprach- und Gefühlswelt entstehen. Seine Gedichte, Oden, Elegien, Lieder, Dramen und sein Epos »Der Messias« gehen vom gefühlsdurchdrungenen persönlichen Erleben aus. So ordnete man seine Werke später stilistisch zwischen Spätbarock und Klassik ein.

Zwischen Barock und Klassik?

Stilbegriffe sind jedoch grundsätzlich verkürzend, und der Begriff der deutschen Klassik ist besonders zweischneidig, denn er beinhaltet eine zeitliche und zugleich eine wesensmäßige Aussage; er will eine geschichtliche Zeitspanne und ein Merkmal in dem kurzen Wort Klassik umreißen. Diese Inhomogenität vorausgeschickt, kann man die deutsche Klassik dennoch als eine Phase beschreiben, die das Natürliche, Elementare und Originäre suchte. Die Vertreter der Klassik waren letztlich Idealisten, die unter der Wirklichkeit litten, und die eine menschlichere Welt und ein soziales Gleichgewicht mit mehr Gerechtigkeit ersehnten. Kultur, Bildung und Vernunft sahen sie als Wege, den Menschen zum Guten zu erziehen – in dieser Tradition steht eine Generation nach Klopstock der Quedlinburger GutsMuths (s. S. 134), der mit den Schülern in die Natur geht, damit sie sich als Teil eines Gesamten wahrzunehmen lernten. Johann Joachim Winckelmanns berühmtes Wort von der »Edlen Einfalt und stillen Größe« umschreibt jenes klassische Ideal des vernünftigen, freien Menschen. Als Vorbild diente die griechische und römische Antike, und so reisten Künstler, Maler und Literaten nach Rom. Als Goethe 1788 von seiner Italienreise zurückkam, hatte er sich selbst und sein »Arkadien« gefunden.

Denkt man an typische Vertreter der Klassik wie Klopstock, Herder, Lessing, Wieland, Grillparzer oder Kleist, so wird klar, wie unterschiedlich sich »die Klassik« äußerte. Gemeinsam aber ist ihnen allen eine besondere Sichtweise auf das Leben und die Kunst, wie sie in Goethes Buch »Italienische Reise« deutlich wird. In Lexika liest sich die Verschiedenheit etwa so: Klopstocks und Hölderlins Werke gelten als anti-barock, Herder und Jean Paul als anti-klassizistisch und Kleist als anti-idealistisch. Freilich lässt sich über diese Zuschreibungen trefflich streiten – am besten lese man selber und finde seine eigenen Begriffe. Im Klopstockhaus findet man dazu eine Fülle von Anregungen. Hier werden biografische Zusammenhänge zwischen den Dichtern lebendig.

Von diesem Ort war Friedrich Gottlieb jeden Tag in das Quedlinburger Gymnasium gegangen, bis er das Elternhaus mit 15 Jahren verließ, um in der bekannten Fürstenschule Schulpforta eine hervorragende

J. H. W. Tischbein schuf um 1800 das Portrait des über 75-jährigen Klopstock (Öl auf Leinwand).

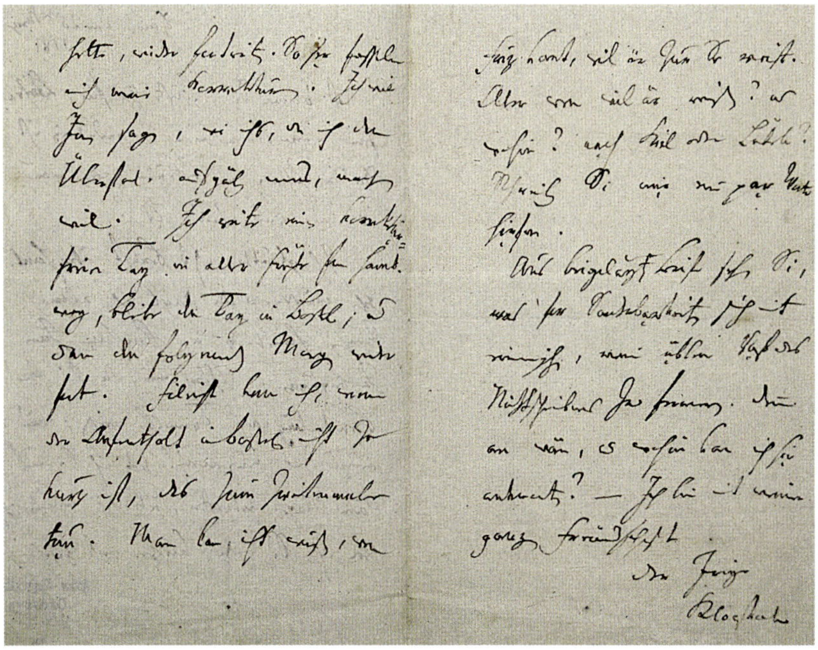

Ausbildung zu erhalten. Danach studierte er Theologie in Jena (1745/46) und Leipzig (bis 1748).

Bereits als Student hatte er erste Erfolge mit seinen Werken, und wenn er 1748 an seinen Gönner, den Schweizer Literaturkritiker Johann Jacob Bodmer schreibt, »Ich sende Ihnen hier eine Ode, die meine Liebe hervorgebracht hat«, lässt das erahnen, dass der 24-Jährige tief berührt war. Seine unerwiderte Liebe galt seiner Cousine Maria Sophia Schmidt (1731–1799), die als »Fanny« in Klopstocks Werken zu literarischer Berühmtheit gelangen sollte. Wohl wegen ihr hatte Klopstock nach seinem Studium eine Stelle als Hauslehrer im thüringischen Langensalza angetreten – und wegen ihrer »Hartnäckigkeit« nahm er zwei Jahre später eine Einladung seines Freundes Bodmer an und ging 1750 nach Zürich. Dort entstand auch die Ode »Der Zürchersee«. Noch in Langensalza hatte Klopstock mit seinem biblischen Dichtzyklus »Der Messias« begonnen, der aus 20 Gesängen besteht und als erstes großes Epos der neuhochdeutschen Literatur gilt. Seit 1748 einzeln veröffentlicht, erschien 1780 (1781) die erste Gesamtausgabe aller Gesänge in zwei Bänden. In Werken wie diesen fließen neben den biblischen Texten die antiken Autoren und Mythen ein.

Dichtung und Freiheitskampf

Aber Klopstock revolutionierte nicht nur die Dichtkunst, sondern verfasste auch theoretische Abhandlungen. Bis 1780 entstand das dreibändige Grundlagenwerk zu Metrik, Poetik und Etymologie mit dem Titel »Über Sprache und Dichtkunst«. Besonders sein 1774 begonnenes, nur im ersten Teil vorliegendes Werk »Die deutsche Gelehrtenrepublik, ihre Einrichtung, ihre Gesetze« gilt als wegweisend für die Entwicklung der Literatur. Darin fordert Klopstock nicht nur die prinzipielle Freiheit von dichterischen Regelzwängen, sondern auch die bürgerlichen Rechte für alle. Die Aufgabe der Literaten und Künstler sieht er darin, sich zusammenzuschließen und in kultivierter, gewaltloser Weise für die Menschenrechte einzutreten, wie sie wenig später die Französische Revolution formulierte.

Damit er den »Messias« in Ruhe vollenden konnte, lud ihn 1751 der Minister und Reformer J. H. E. Graf von Bernstorff nach

Gleichsam auf der Rückseite des Klopstockhauses wurde 1997 ein lichtdurchfluteter Erweiterungsbau an die seit 1986 bestehende Lyonel-Feininger-Galerie angefügt. Deren Eingang befindet sich im Finkenherd 5 a. Die Begegnung von altem Stadtbild mit moderner Kunst ließ zu Füßen des Schlossberges einen überaus reizvollen, überregionalen Anziehungspunkt für Besucher aus der ganzen Welt entstehen.

Kopenhagen ein. Denn »Der Messias« entsprach der Suche der Zeit nach dem Erhabenen, nach Humanität und dem großen, wahren Gefühl. Um Klopstock zu unterstützen, gewährte ihm der dänische König sogar eine Lebensrente. In Kopenhagen wurde Klopstock bald der führende Kopf eines dänisch-deutschen Dichter- und Aufklärerkreises, zu dem unter anderem J. B. Basedow, J. E. Schlegel und H. W. von Gerstenberg zählten.

Erst nach dem Tod seiner Frau, der Hamburgerin Meta Moller, die 1758 nach nur vierjähriger Ehe 30-jährig starb, hielt sich Klopstock zwischen 1759 und 1763 wiederholt in Quedlinburg auf. Die Folgejahre bis 1770 verbrachte er wieder in Dänemark. Er verkehrte zwar am Hofe und in Adelskreisen, wurde aber nie ein Hofdichter alten Stils. In seiner Ode an Friedrich V. beschreibt er den König auf der Ebene des Freundes, dem der Dichter weder predigen noch ihn zu loben verpflichtet sei.

Schließlich führte ihn das Leben nach Hamburg, wohin er Bernstorff nach dem Tod König Friedrichs V. gefolgt war und wo er am 14. März 1803 starb. Sein Begräbnis geriet zu einer nationalen Feier.

Seine Werke und sein Briefwechsel werden bald in der historisch-kritischen Hamburger Ausgabe in 36 Bänden vorliegen.

Die Lyonel Feininger Galerie

Oft sind es die Suchenden, und nicht die Überzeugten, deren Werke die Jahrzehnte überdauern und den später Geborenen viel zu sagen haben. So stehen sich im Herzen Quedlinburgs der Dichter Klopstock und der deutsch-amerikanische Maler und Grafiker Lyonel Feininger (1871–1956) als Nachbarn gegenüber. Der in New York geborene Feininger, der fünfzig Jahre in Deutschland verbrachte, suchte stets neue Wege in der Malerei und erhob das Gesetz der Polyphonie zum Prinzip.

Die Lyonel-Feininger-Galerie beherbergt nicht nur den umfangreichsten geschlossenen Bestand an Feininger-Grafiken zwischen 1906 und 1937. Darüber hinaus ist sie als moderne Facette für die alte Stadt unentbehrlich. Die Werke dokumentieren alle Schaffensphasen dieses Künstlers der Klassischen Moderne und wurden von dem Quedlinburger Ehepaar Erika und Dr. Hermann Klumpp (s. S. 92) vor den Nationalsozialisten gerettet. Die Galerie erforscht und präsentiert Feiningers Werke (Druckgrafiken, Holzschnitte, Radierungen, Lithografien, Aquarelle, Zeichnungen, Skizzen, Gemälde) stilistisch, chronologisch sowie thematisch und sorgt dafür, dass sie öffentlich zugänglich bleiben.

Auf der linken Seite ist das Foyer des Klopstockhauses zu sehen. Das obere Foto links zeigt einen Brief Klopstocks an die Gräfin Auguste Louise zu Stolberg-Stolberg von 1781.

Die Autorin dankt Brigitte Meixner vom Klopstockhaus für fachliche Informationen.

Der Reformpädagoge GutsMuths förderte den Schulsport

Raus an die frische Luft!

Ein sinnreiches Denkmal im Mummenthal: Der Pädagoge Johann Christoph Friedrich GutsMuths unterweist seinen Schüler Carl Ritter. GutsMuths wurde 1759 im Haus Pölle 39 geboren. Quedlinburg hatte um diese Zeit etwa 7500 Einwohner. GutsMuths Schüler Carl Ritter wurde 1779 im heute nicht mehr existierenden Haus Steinbrücke 15 geboren. Von GutsMuths stark beeinflusst, ging Ritter später als Begründer der wissenschaftlichen Erdkunde und bekannter Professor für Geografie an der Berliner Humboldt-Universität in die Wissenschaftsgeschichte ein.

Haare bis auf die Schultern – das kann ja nichts werden! Oder doch? Offenbar doch, denn als Lehrer nahm er kein Blatt vor den Mund und drehte die Pädagogik auf links: »Ihr lehrt Religion, ihr lehrt Bürgerpflicht – auf des Körpers Wohl und Bildung seht ihr nicht!«, warf er seinen autoritären Kollegen vor. Und weil er wusste, wie ungern manche Lehrer eingefahrene Unterrichtsmethoden ändern, machte er es schriftlich: 1793 erschien sein Hauptwerk »Gymnastik für die Jugend«, das bis heute zu den Klassikern der Pädagogik zählt. Ohne ihn gäbe es keinen Schulsport. Und: Seine Mähne gehörte zum Programm!

Sein kurioser Name wohl auch, möchte man hinzufügen. Kann es einen besseren Namen für einen Philanthropen (einen Menschenfreund) und Reformpädagogen geben als GutsMuths? Heutzutage sind viele Schulen nach ihm benannt. Zu Recht, denn der am 9. August 1759 in Quedlinburg als Sohn eines Rotgerbers geborene Johann Christoph Friedrich GutsMuths erarbeitete als erster ein theoretisch und methodisch begründetes Konzept, das die »Körperbildung« in den Schulunterricht integrierte. Bis dahin gab es Bewegung nur für die adeligen Schüler der Ritterakademien und teilweise an den Jesuitenschulen.

Politischer Sprengstoff

GutsMuths stand keineswegs allein mit seinem Ansatz, sondern teilte mit seinen Lehrern J.B. Basedow (1724–1790) und Chr. Gotth. Salzmann (1744–1811) die Ansicht, dass Körper und Geist beim Erziehungsprozess untrennbar zusammen gehören. Das erzieherische Ziel dieser drei Philanthropen war – ganz im Sinne von Humanismus und Aufklärung – der selbstbewusste Mensch, der Kraft seines Verstandes und freien Willens selbst entscheiden kann. Wenn man auch aus heutiger Sicht »Mensch« durch »Mann« ersetzen möchte, denn viele begabte Mädchen wie Dorothea Leporin hatten es damals ungleich schwerer (s. S. 128).

Doch nicht umsonst nennt man das 18. Jahrhundert auch das Pädagogische Jahrhundert. Neue, wegweisende Gedanken wurden bereits vor GutsMuths von Philosophen wie John Locke, Immanuel Kant und Jean-Jacques Rousseau verbreitet. Letzterer wird als Repräsentant und zugleich Überwinder der Aufklärung gesehen. Rousseau – das große Vorbild für GutsMuths, Salzmann und Basedow – gilt überdies als erster Reformpädagoge.

Als 1762 Rousseaus Klassiker »Emil oder Über die Erziehung«, erschien, rüttelte das Buch derart an den politischen Grundfesten der alten Gesellschaftsordnung, dass der Autor fliehen und sich acht Jahre lang versteckt halten musste. Sein Buch beginnt mit dem Satz: »Alles, was aus den Händen des Schöpfers kommt, ist gut; alles entartet unter den Händen des Menschen.« Nach der Beschreibung der Missstände stellt er wenige Sätze später fest: »Ohne das wäre alles noch schlimmer …« Rousseau geht in diesem Buch, das rückblickend die Gedanken der Französischen Revolution mit vorbereitete, davon aus, dass der Mensch in einer korrupten Gesellschaft lebe und man in dem Dilemma stehe, wie man darin einen ehrlichen Bürger erziehen solle. Rousseaus Ansatz hat bis heute nichts an Schärfe verloren. Für GutsMuths war er wegweisend.

Der Beginn des Schulsports

Das Philanthropin in Dessau war die erste öffentliche Schule in Deutschland, an der regelmäßig Sport unterrichtet wurde – der damals freilich noch nicht so hieß, sondern als Leibesübung bezeichnet wurde. Nach dem Dessauer Vorbild gründete Salzmann im thüringischen Schnepfenthal bei Gotha eine »Erziehungsanstalt«, wie es damals hieß, und berief dorthin 1785 den 24-jährigen GutsMuths als Lehrer. GutsMuths wirkte in Schnepfenthal mehr als ein halbes Jahrhundert, bis zu seinem Tod 1839.

Er unterrichtete nicht nur, sondern verbreitete seine praktischen Erfahrungen

bald durch Publikationen wie das oben zitierte Grundlagenwerk »Gymnastik für die Jugend« von 1793. Mit Gymnastik meinte GutsMuths Übungen, die sich körperlich und pädagogisch auswirkten. Dazu gehörten auch Diskuswerfen und Geräteturnen.

GutsMuths nahm etwas an, das uns heute selbstverständlich erscheint, dass man nämlich mit systematischer Gymnastik körperliche Kraft, Ausdauer und Geschick trainieren und dabei zugleich geistige Kräfte wie den Willen stärken könne. GutsMuths erkannte die Wirkung von spielerischen Wettkämpfen unter den Schülern und den Effekt, den eine planmäßige Steigerung von Leistungsanforderungen hat. Training nennt man das heutzutage. Konsequenterweise verlegte GutsMuths seine Übungen bald aus den Schulräumen in die Natur, nach der Devise: »Erziehung gedeihet am besten im Schoße der Natur«. 1796 veröffentlichte er das erste pädagogische Spielbuch in Deutschland mit dem programmatischen Titel »Spiele zur Übung und Erholung des Körpers und Geistes«. Heute ist dieses Buch zugleich eine Fundgrube für die damals bekannten Spiele aus anderen Ländern.

GutsMuths probierte immer an sich selbst aus, wie sich Bewegungen auf Körper und Geist auswirken. So lernte er in einem Schnepfentaler See – als Erwachsener – ohne Anleitung das Schwimmen, und veröffentlichte 1798 das Buch »Kleines Lehrbuch der Schwimmkunst«.

Wieder zwei Jahre später entwickelte er die erste pädagogische Fachzeitschrift. Sie erschien ab 1800 unter dem Titel »Neue Bibliothek für Pädagogik, Schulwesen und die gesamte pädagogische Literatur«. Darüber hinaus schrieb er Jugendbücher und ein Lehrbuch der Geografie, das 1810 erstmals erschien.

Geldmangel, Lehrermangel – welche Ausreden begegnen uns Anfang des 21. Jahrhunderts von Pädagogen, um Schülerinnen und Schüler stundenlang an ihre Stühle zu binden? GutsMuths hätte sich angesichts dieser Situation 200 Jahre nach ihm die (langen) Haare gerauft.

Lehrer und Schüler tragen langes Haar. Die berühmt-berüchtigte GutsMuths-Frisur mit locker auf die Schultern herabfallendem Haar ersetzt die barocke Perücke für den Herrn.

Verwendete Fachbegriffe

Kleines Fachwerk-Lexikon

Die folgenden Begriffe beschränken sich auf kurze Definitionen, die im Zusammenhang dieser Publikation mit den Gebäuden in Quedlinburg relevant sind (nach Schauer und Binding).

Abbundzeichen
Der Abbund ist ein Arbeitsvorgang, bei dem alle zu einer Holzkonstruktion gehörigen Hölzer auf dem Werk- oder Zimmerplatz zurechtgelegt und mit Zahlen oder anderen Zeichen gekennzeichnet werden.

Andreaskreuz
Der Begriff bezeichnet zwei gleich lange sich diagonal kreuzende Hölzer. Er bezieht sich auf das Martyrium des Heiligen Andreas, der nach der Legende an diagonal gekreuzten Balken den Tod gefunden haben soll.

Ausfachung
Die Ausfachung bezeichnet den Arbeitsgang, bei dem die Gefache des Fachwerkbaus mit Holz, Lehm oder Backsteinen ausgefüllt (ausgefacht) werden.

Auskragung
Die Auskragung oder Vorkragung bezeichnet das Vorspringen eines Bauteils, das man früher Überhang genannt hat.

Balken
Ein Balken ist ein frei gespanntes, tragendes, horizontales Kantholz. Alle Balken einer Konstruktionsebene bilden die Balkenlage.

Balkenkopf
Das Ende eines Balkens, das kunstvoll profiliert und beschnitzt sein kann.

Band
Ein Band (Kopfband, Fußband) ist entweder eine schräg gestellte, versteifende Bohle oder ein Brett, das zur Aufnahme von Zugkräften angeblattet ist, oder aber eine kurze Verstrebung (s. Strebe).

Basilika
Der Begriff bezeichnet einen Bautyp. Im Mittelalter gibt es vier Bautypen: Saal, Halle, Zentralbau, Basilika. Im Unterschied zu einer Halle ist eine Basilika ein Raum, dessen Mittelschiff nicht nur höher ist als die Seitenschiffe, sondern der zugleich durch Fenster im Obergaden separat beleuchtet wird.

Büge
Eine Büge ist eine Verstrebung, die den Blaken verriegelt und die Vorkragung (s. Auskragung) gegen die Wand abstützt (vgl. Knagge).

Chor
Der Chor ist bei mittelalterlichen Kirchen der für das Gebet der Geistlichen und den Chorgesang bestimmte Raumteil einer Kirche. Bis auf wenige Ausnahmen liegt der Chor immer im Osten, weil die Heilige Stadt Jerusalem nach der damaligen Vorstellung im Osten liegt. Da man davon ausgeht, daß die meisten Kirchen geostet sind, beschreibt man die Lage der Gebäudeteile mit den Himmelsrichtungen. So weiß jeder Betrachter unabhängig von seinem subjektiven Standort, was gemeint ist.

Dach
Als Dach bezeichnet man die Gesamtheit aus Dachwerk (Sparren- oder Pfettendach) und darauf ruhender Dachdeckung (Dachhaut). Die Dachfläche wird begrenzt von der Traufe, dem Ort, dem First, bei gebrochenen Dächern auch von der Kehle oder dem Grat. Giebel oder Walm bilden den formalen Abschluss des Daches. Der Ausdruck Dachwerk bezeichnet die Gesamtheit der Dachkonstruktion.

Dachaufbauten
Bauteile zur Erweiterung, Belichtung und Belüftung des Daches, die über die Dachfläche vorstehen, wie z. B. Gaupen oder Zwerchhäuser.

Etage
Wohn- oder Nutzebene im Geschoss- und Stockwerkbau.

Fachwerk
Tragendes Gerüst aus untereinander verbundenen, senkrechten, waagerechten und schrägen Hölzern. Die von diesen eingeschlossenen Gefache sind mit unterschiedlichem Material (s. Ausfachung) geschlossen.

Gefach
Das Gefach ist ein von Hölzern umschlossenes Feld eine Fachwerkwand, das durch Ausfachung, Fenster oder Tür geschlossen ist.

Geschossbau
Im Unterschied zum Stockwerkbau bezeichnet der Geschossbau eine Fachwerkbauweise aus von der Schwelle bis zur Traufe durchgehenden Ständern, in welche die Geschossbalken der einzelnen Etagen gezapft, geblattet oder durchgezapft sind (Erdgeschoss, Obergeschosse). Das Geschoss bezeichnet die Nutzebene eines Geschossbaus.

Gesims
Das Gesims ist ein horizontales Gliederungselement, das friesartig dekoriert sein kann, aber nicht sein muß. Im Unterschied dazu ist ein Fries ein horizontales Gliederungselement mit einer Abfolge von darstellerischen Elementen.

Giebel
Ein Giebel ist die Abschlußform eines Satteldaches oder auch die Bekrönung eines Fensters.

Grundriss
Der Grundriss ist ein zeichnerisches Mittel, um Architektur darzustellen. Er ist der horizontale Schnitt durch das gesamte Gebäude in etwa einem Meter Höhe. Eine Ausnahme bilden Kirchengrundrisse, bei denen der horizontale Schnitt etwas höher liegt, weil man auch die Fenster und Gewölbe einzeichnen will.

Kehle
Dachkehle. Schnittlinie zweier gegeneinander geneigter Dachflächen, die mit einer Trauflinie eine einspringende Ecke bilden. (Gegensatz: Grat).

Knagge
Eine Knagge ist ein in Ständer und Balkenkopf eingezapftes Winkelholz senkrecht zur Wand, das die Balken verriegelt und die Vorkragung gegen die Wand konsolenartig abstützt. (vgl. Büge).

Konsole
Ein vorkragendes oder aus dem Ständer ausgearbeitetes Auf- bzw. Widerlager.

Mann
Eine (etwas veraltete) Bezeichnung für eine regional unterschiedliche Verstrebungsfigur, die sowohl Kopf- als auch Fußverstrebungen zeigt.

Querhaus und Querschiff
Das Querhaus oder Querschiff ist der quer zur Kirche ausgerichtete Bauteil. Das Querschiff hat die gleiche Deckenhöhe wie das Mittelschiff, während das Querhaus niedriger sein und auch aus mehreren baulichen Einheiten bestehen kann.

Rähm
Ein Rähm ist ein horizontales, auf Ständer oder Stuhlsäulen aufgezapftes, längsverbindendes und die Wand oben abschließendes Holz. Rähmbau ist eine veraltete Bezeichnung für Stockwerkbau.

Riegel
Ein waagerechtes Holz zwischen Stützen gezapft oder über Stützen geblattet. Man unterscheidet Schwellriegel, Brustriegel, Sturzriegel, Kopfriegel, Rähmriegel und Geschossriegel.

Säule
Eine Säule ist eine besondere Form der Stütze. Beim Fachwerkbau bezeichnet ein Säule eine freistehende, häufig in der Kopfzone verstrebte Stütze mit vierkantigem, polygonalem oder rundem Querschnitt. Beim Steinbau (z.B. in den Quedlinburger Pfarrkirchen) handelt es sich im Unterschied zum Pfeiler bei der Säule um ein rundplastisches Element, das ein Kapitell trägt. Eine Säule besteht aus: Basis, Säulenschaft, Kapitell, Kämpfer. Im Unterschied zum umgangssprachlichen Gebrauch des Begriffes wird bei mittelalterlichen Bauteilen zwischen Säule und Pfeiler unterschieden.

Seitenschiff
Ein Seitenschiff ist eine parallel zum Mittelschiff gelegene Raumeinheit bei mehrschiffigen Anlagen. Normalerweise besitzt ein romanischer Kirchenbau zwei Seitenschiffe.

Schwalbenschwanz
Eine Verblattung in trapezartig ausgebildeter, vom Kopfende zum Ansatz hin schmaler werdender Form.

Schwelle
Ein horizontales, wandtragendes Holz. Als Grundschwelle liegt sie auf dem Boder oder auf der Sockelmauer, als Stockschwelle (Saumschwelle) auf Etagenniveau oder als Stuhlschwelle steht sie unter den Stuhlsäulen. Zwischen Ständer gezapft wird sie als Schwellriegel bezeichnet.

Ständer
Als Ständer bezeichnet man beim Fachwerkbau eine Stütze, die auf dem Boden, auf Stein, Sockelmauer oder Schwelle aufgesetzt ist und auch durch mehrere Geschosse reichen kann.

Ständerbau
vgl. Geschossbau. Das älteste aufrecht stehende Haus Quedlinburgs wird »Ständerbau« im Word genannt. Der Begriff wird aber auch verwendet als Sammelbezeichnung für alle Holzbauweisen mit tragendem Gerüst aus Ständern.

Stiel
Ein Stiel ist ein nur gering tragendes, senkrechtes Holz zwischen Riegeln, Schwellen und Rähm in einer Fachwerkwand, das meistens eine Öffnung begrenzt.

Stil
Unter Stil – wie zum Beispiel ottonischer Stil – versteht man die Summe der Eigenschaften, die mehreren Werken gemeinsam sind (nach Heinrich Wölfflin und Alois Riegel). Man benutzt den Begriff, um einzelne formgleiche Kunstwerke unterscheiden zu können. Es gilt folglich, Stil und Form unabhängig voneinander zu betrachten, obwohl sie eng miteinander verbunden sind. Ein neuer Stil kann neue Formen hervorbringen, aber allein die Angabe des Stils ist zu grob, um einem Kunstwerk gerecht zu werden.

Stockwerkbau
Eine Fachwerkbauweise aus in sich abgezimmerten, jeweils als selbständigen Gerüsten gebildeten, übereinandergestellten Etagen. Im Gegensatz zum Geschossbau.

Strebe
Ein schräg gestelltes, versteifendes Holz zur Aufnahme von Druckkräften, zumeist eingezapft, seltener angeblattet. Zwei überkreuzende Streben werden Kreuzstrebe oder Andreaskreuz genannt. Eine kurze Strebe wird auch Band genannt.

Stütze
Allgemeine Bezeichnung für senkrechte, tragende Hölzer. Vgl. Säule und Ständer.

Traufe
Dachtraufe. Untere, waagerechte Begrenzung der Dachfläche.

Vierung
Als Vierung bezeichnet man den Raumteil, der bei Kirchen an der Schnittstelle von Langhaus und Querhaus entsteht. Auf Grundrissen kann man Vierungen an dem Quadrat erkennen. Man unterscheidet zwischen ausgeschiedener und abgeschnürter Vierung. Bei der ersten sind die Raumhöhen der angrenzenden Bauteile gleich hoch und breit. Nur dann ergibt sich als Vierung ein Quadrat. Bei einer solchen Durchdringungsform verlaufen die Mauern in einer vertikalen Ebene. Die abgeschnürte Vierung hingegen ist ein Rechteck – sie kann somit auch ein Quadrat sein. Die angrenzenden Räume müssen nur annähernd gleich hoch sein, und die Vierung ist durch Mauerzungen abgesetzt.

monumente edition

In der Reihe monumente edition der Deutschen Stiftung Denkmalschutz
sind bisher drei Bände erschienen:

Backsteingotik

144 Seiten
223 meist farbige Abbildungen
Format 21 × 29,7 cm
Broschur 11,80 Euro
ISBN 3-936942-07-2
Festeinband 16,80 Euro
ISBN 3-936942-10-2

Romanik in Sachsen-Anhalt

144 Seiten
170 meist farbige Abbildungen
Format 21 × 29,7 cm
Broschur 11,80 Euro
ISBN 3-936942-15-3
Festeinband 16,80 Euro
ISBN 3-936942-19-6

Barock in Sachsen

144 Seiten
220 meist farbige Abbildungen
Format 21 × 29,7 cm
Broschur 11,80 Euro
ISBN 3-936942-09-9
Festeinband 16,80 Euro
ISBN 3-936942-11-2

Eine Auswahl weiterführender Literatur

Einen grundlegenden Einstieg in die Fachwerkstadt Quedlinburg bieten nach wie vor die folgenden Fachpublikationen von Hans-Hartmut Schauer:

Schauer, Hans-Hartmut: Quedlinburg. Das städtebauliche Denkmal und seine Fachwerkbauten. Berlin 1990.
Das Buch ist vergriffen, aber im Antiquariat zu finden. Im regulären Buchhandel ist eine überarbeitete Neuauflage erhältlich:

Schauer, Hans-Hartmut: Quedlinburg. Fachwerkstadt, Weltkulturerbe. Berlin 1999.

Althoff, Gerd: Die Ottonen. Königsherrschaft ohne Staat. Stuttgart, Berlin, Köln 2000.

Binding, Günther: Deutsche Königspfalzen von Karl dem Großen bis Friedrich II. (765–1240). Darmstadt 1996.

Binding, Günther; Mainzer, Udo; Wiedenau, Anita: Kleine Kunstgeschichte des deutschen Fachwerkbaus. Darmstadt 1975, 4. Aufl. 1989.

Dehio, Georg: Handbuch der Deutschen Kunstdenkmäler. Sachsen-Anhalt. Band I (1990) und II (1999). München, Berlin.

Domgemeinde St. Servatii Quedlinburg: Der Quedlinburger Domschatz. Hrsg. von Dietrich Kötzsche. Berlin 1992.

Goßlau, Friedemann und Radecke, Rosemarie: Die Stiftskirche zu Quedlinburg. Eine Führung durch den romanischen Sakralbau und den Domschatz. Quedlinburg o.J.

Laudage, Johannes: Otto der Große (912–973). Eine Biographie. Regensburg 2001.

Speer, Elisabeth: Quedlinburg und seine Kirchen. Berlin 1970.

Stadt Quedlinburg (Hrsg.): Festschrift. 1000 Jahre Markt-, Münz- und Zollrecht Quedlinburg. Quedlinburg 1994.

Thietmar von Merseburg: Chronicon. Chronik. Neu übertragen und erläutert von Werner Trillmich. Darmstadt 1957, 1962 (= Freiherr-vom-Stein-Gedächtnisausgabe Bd. 9).

Voigtländer, Klaus: Die Stiftskirche St. Servatii zu Quedlinburg. Geschichte ihrer Restaurierung und Ausstattung. Mit einem Beitrag von Hans Berger. Berlin 1989.

Widukind von Corvey: Res gestae Saxonicae. Die Sachsengeschichte. Hrsg. und Übersetzer: Ekkehart Rotter und Bernd Scheidmüller. Stuttgart 1992.

Ältere grundlegende Literatur (von Mrusek, Wäscher etc.) wird an dieser Stelle nicht ausdrücklich genannt, denn die neueren Titel führen die älteren in ihren Literaturverzeichnissen auf, so dass man von dort ausgehend weiter recherchieren kann. Gleiches gilt für die Fülle der Aufsätze in Fachzeitschriften sowie die Kunststättenhefte und Broschüren, die vor Ort in den Kirchen und Museen zum Kauf ausliegen. Speziell zu den Ottonen und zur Straße der Romanik sind einige Publikationen erschienen, die der Quedlinburger Buchhandel und die Touristeninformation am Markt bereit halten.

Im Text wird zitiert in Form von »(Autor Jahr, Seitenzahl)«.

Reisehinweis

Quedlinburg bietet reichlich Unterkünfte in allen Preisklassen.
In der Altstadt gibt es eine Jugendherberge, Pensionen, Ferienwohnungen und traditionsreiche Hotels, die an Komfort nichts zu wünschen übrig lassen.
An Feiertagen sollte man vorher buchen – über Internet gibt es oft preiswerte Sondertarife:

www.quedlinburg.info

Touristik-Information am Marktplatz:
Quedlinburg-Tourismus-Marketing GmbH
Markt 2
06484 Quedlinburg
Tel. 0 39 46 / 90 56 24, -25
Fax 0 39 46 / 90 56 29
qtm@quedlinburg.de

monumente edition

Welterbe Quedlinburg

Herausgeber
Deutsche Stiftung Denkmalschutz Bonn

Chefredakteur monumente
Friedrich Ludwig Müller

Konzeption, Redaktion, Text, Gestaltung
Angela Pfotenhauer, Elmar Lixenfeld
Büro für Redaktion und Gestaltung
Köln und Frankfurt am Main

Als Quellen dienten neben der angegebenen Literatur die Unterlagen zu den Förderprojekten der Deutschen Stiftung Denkmalschutz, Bonn.

Abbildungen

Die meisten Abbildungen für diese Publikation fotografierte Elmar Lixenfeld, Frankfurt am Main.
Darüber hinaus stellten folgende Fotografen und Archive freundlicherweise Abbildungen zur Verfügung:

Tim Krieger, Billigheim: Titelbild (Schlossberg Quedlinburg)
Sigrid Schütze-Rodemann und Gert Schütze, Halle/Saale: S. 7 l., 11, 17, 45, 52, 54, 61 (beide), 63
Marie-Luise Preiss/Archiv der Deutschen Stiftung Denkmalschutz:
S. 7 r., 12/13, 28 u., 29 u., 41, 84 m., 85 o., 86 lu., 86 ru., 92 u., 105 u., 108, 116, 125 o.
Pit Siebigs/Domkapitel Aachen: 44 u.
Quedlinburg-Tourismus-Marketing GmbH:
S. 6, 8, 9, 10, 14, 15, 19, 32/33, 37 o., 40 u., 50 o., 51, 54 o., 55, 56 u., 58, 59 r., 98/99
Jugendbauhütte Quedlinburg, Silke Strauch: S. 121–124, 125 u.
Stadt Quedlinburg, Klopstockhaus: S. 130 o., 131, 132

Die Deutsche Stiftung Denkmalschutz dankt den Fotografen für ihre Unterstützung.

Druck: Salzland Druck, Staßfurt

1. Auflage 2004
Paperback: ISBN 3-936942-45-5
Festeinband: ISBN 3-936942-46-3

Die Deutsche Bibliothek - CIP-Einheitsaufnahme
Welterbe Quedlinburg/Hrsg.: Deutsche Stiftung Denkmalschutz. Angela Pfotenhauer. -
Bonn : Dt. Stiftung Denkmalschutz, Monumente-Publ., 2004 (Monumente-Edition)
Paperback: ISBN 3-936942-45-5 Festeinband: ISBN 3-936942-46-3

monumente Publikationen der Deutschen Stiftung Denkmalschutz
Leitung: Gerlinde Thalheim
Dürenstraße 8, 53173 Bonn, Tel. 0228/95 73 5-0, Fax 0228/95 73 5-28
www.monumente.de
Bestellungen: A. Giannakoglou

Lager
Drogen, Farben,
Tabak & Cigarren